国网浙江省电力有限公司

社会责任根植项目优秀案例集
2022—2023

国网浙江省电力有限公司 编

中国电力出版社
CHINA ELECTRIC POWER PRESS

图书在版编目（CIP）数据

国网浙江省电力有限公司社会责任根植项目优秀案例集：2022—2023 / 国网浙江省电力有限公司编. —北京：中国电力出版社，2024.1

ISBN 978-7-5198-8491-8

Ⅰ.①国… Ⅱ.①国… Ⅲ.①电力工业-工业企业-企业责任-社会责任-案例-浙江 Ⅳ.①F426.61

中国国家版本馆CIP数据核字（2023）第254342号

出版发行：　中国电力出版社
地　　址：　北京市东城区北京站西街19号（邮政编码100005）
网　　址：　http://www.cepp.sgcc.com.cn
责任编辑：　刘红强（010-63412520）
责任校对：　黄　蓓　郝军燕
责任印制：　钱兴根

印　　刷：　北京瑞禾彩色印刷有限公司
版　　次：　2024年1月第一版
印　　次：　2024年1月北京第一次印刷
开　　本：　889毫米×1194毫米　16开本
印　　张：　13
字　　数：　378千字
定　　价：　83.00元

国网浙江省电力有限公司
社会责任根植项目优秀案例集
2022—2023

编委会

前　言

　　国网浙江省电力有限公司（简称国网浙江电力）是国家电网的全资子公司，以建设和运营电网为核心业务，是浙江省能源领域的核心企业。多年来，国网浙江电力牢记"电等发展"重要嘱托，全面统筹政治、经济、社会"三大责任"，创新开展全面社会责任管理与实践，责任引领表率形象不断彰显，先后荣获全国文明单位、中国一流电力公司、全国五一劳动奖状、电力行业AAA级信用企业、全国电力供应行业排头兵企业、中国电力行业企业公众透明度典范奖等荣誉，代表央企首次斩获中美联合颁发的"保尔森可持续发展奖"年度大奖，连续多年获评浙江省企业社会责任"标杆"企业。

　　为更好地发挥社会责任成果的实践价值，促进企业社会责任全面融入和综合价值不断显现，国网浙江电力组织编写了《国网浙江省电力有限公司社会责任根植项目优秀案例集2022—2023》，这是国网浙江电力启动社会责任根植"百千万"行动以来，连续第五次编撰出版社会责任根植项目优秀案例集。本书对标联合国可持续发展目标、ESG议题等进行分类，从2022—2023年国网浙江电力实施的社会责任根植项目中择优选取25个典型案例进行汇编。本书既是一本案例汇编，也是一本工具书，集中展示了新形势下，各供电企业积极推动社会变革和可持续发展的实践成果。无论是通过降碳增效、生态保护、责任管理、服务创新、乡村振兴还是其他方面，这些企业都注重发挥自身优势，以价值共创共享共赢为社会带来积极的变化。我们希望通过这些案例为广大读者提供启示和灵感，我们相信通过共享这些案例，将有助于推动更多企业积极有效地开展社会责任实践。

目 录 CONTENTS

03 责任管理

04 服务创新

05 乡村振兴

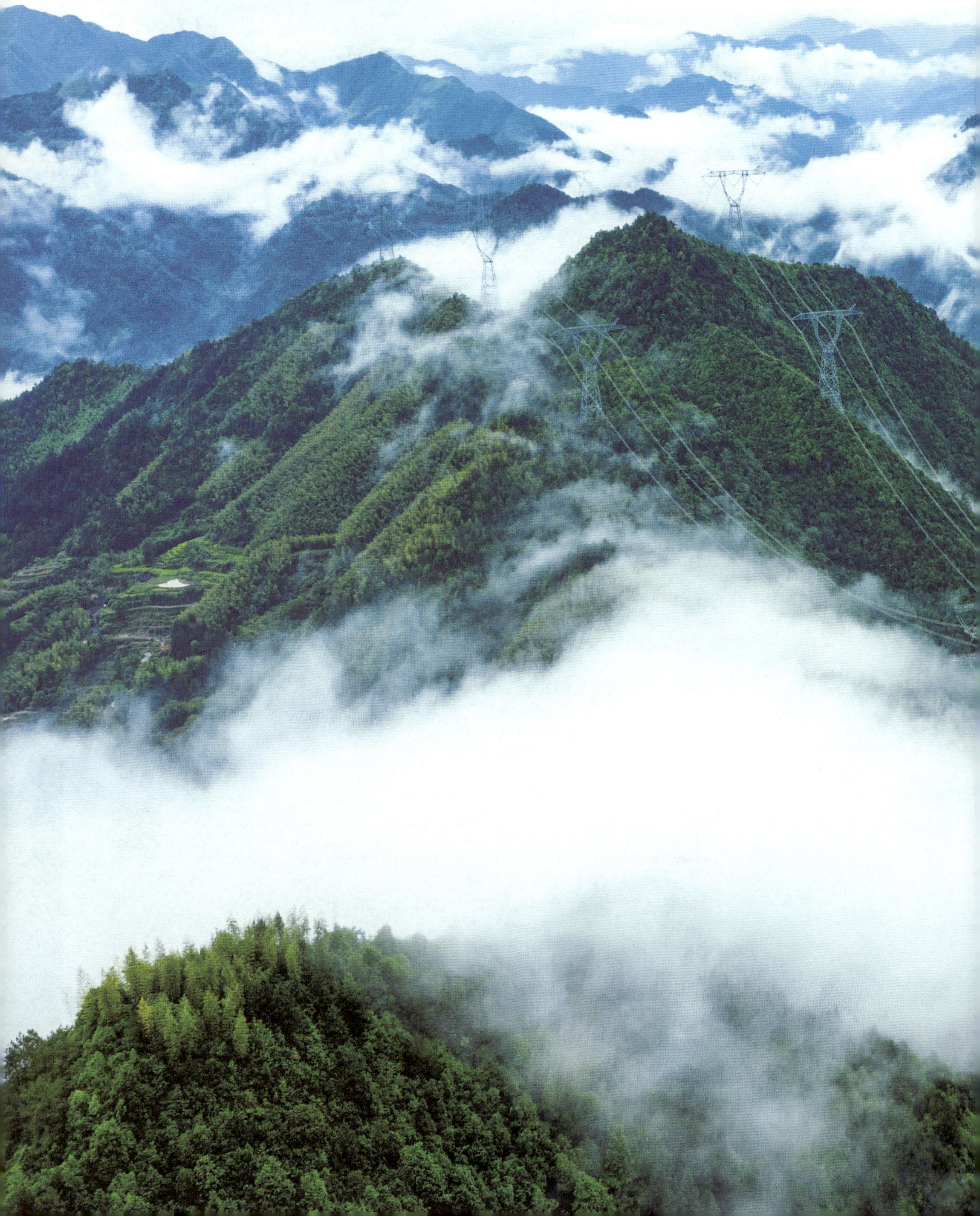

01 / 降碳增效

全国首创用能预算"e本账",多方联动破解城市降碳难题

数智低碳楼宇改造"轻"方案

"绿电魔方"让工业企业降碳稳准好

从"淘气宝"到"淘金者"

构建"亚运村碳中和生态圈",汇聚降碳百倍能量

绿色"塑"变,探索塑料行业下游低碳管理

全国首创用能预算"e本账"，多方联动破解城市降碳难题

社会责任根植助力高耗能城市精准降碳

项目实施单位
国网衢州供电公司

项目实施人员
张宏达　沈　广　周敬嵩　蔡　剑　万伟江
毛志斌　林　芳　劳浙龙　张创璐　王威力
周　凯　杨瑶佳　朱　慧　汪燕毅

项目实施时段
2022年1月至今

项目背景

当前全球地缘政治紧张、博弈加剧，能源稀缺性凸显，保供形势严峻。衢州是浙江重化工业基地，万元GDP碳排放强度是全省平均水平的2倍，降碳任务艰巨。2021年，国网衢州供电公司联合政府首创工业企业"碳账户"，记录掌握各能源消费主体用能情况。但仅摸清数据并不能高效精准降碳，政府治理与企业消费两端信息不对称、精准降碳控能手段缺失仍是困扰消费侧降碳的难题。

从政府治理端来看，宏观布局较强但提前谋划较弱。原有的四级碳排监控平台"先用能，再监测"，无法实现精准管控，易造成风险预判不足。一旦碳排放指标超限，需通过用电调控、限产关停等方式降低控制碳排放指标，极易影响经济增速和电网安全运行，带来社会舆情风险，影响城市稳定。同时，以市场化力量主导碳减排无法完全优化资源配置，而政府化减排涉及的科研设备投入较大，难以可持续维持。

从企业消费端来看，经营生产较强但能耗管理较弱。过去，极少企业将碳排放作为生产硬性指标，对节能减排缺乏长远目光。如今因形势变化，企业希望完善用能管控，但不少企业对年度用能缺乏计划，无法合理规划生产与用能平衡，怎样合理规划年度用能、及时掌握用能执行情况、提高能效水平和获取减排激励是企业的共性需求。

对供电公司而言，助力提升全社会降碳水平势在必行。作为责任央企，如何协助政府做好发展与降碳的平衡，如何协助企业做好生产与用能的平衡，如何运用自身优势缓解电力瓶颈制约、保障电网安全，如何指导企业科

学用电、拓展市场蓝海，是供电公司思考的课题。

针对上述问题，国网衢州供电公司联合政府等利益相关方，创新推出全国首个用能预算化平台，以"e本账"

有效解决监管侧和用电侧信息不对称难题，构建"先预算后用能"精准管控路径，帮助企业平衡生产与用能，助力破解高能耗城市精准降碳难题。

思路创新

国网衢州供电公司坚持问题、变化和价值导向，主动引入资源整合、创新驱动、透明运营等社会责任理念，聚焦政府、企业两端需求，加强利益相关方沟通合作，成立改革专班，引入"e本账""预算"概念，完善用能分配规则，保障数智实时管控，探索精准降碳新路径。

一是根植多方参与和合作共赢理念，达成共识协同推进。改变过去仅靠一方主做的理念，加强与发展改革委、生态环境局、大数据中心、用能企业、金融单位等利益相关方沟通，梳理需求清单，达成合作共识，设置

专班联络和定期会商，各方协同合作、共同破颢。

二是根植资源整合和创新驱动理念，厘清优势变化改进。聚焦过去能耗双控事后管控弊端，明确用能预算、账本清单、实时监控、超限预警、余量交易、激励持续是破解之法。由供电公司牵头厘清利益相关方资源，打通数据壁垒，夯实全面用能数据基数、建立公平预算分配规则、活用交易转让机制和科学评价应用体系等，将事后管控变为事前事中管控。

利益相关方诉求分析

各环节堵点	利益相关方	协同措施思路
数据协同性差，政府治理与企业消费两端信息不对称	· 发展改革委 · 经信局 · 生态环境局 · 税务局 · 大数据中心 · 供电公司 · 用能企业	将用能企业、能源大数据中心提供的多种能源消耗数值，与市发展改革委、经信局、生态环境局、税务局、大数据中心等提供的多维度政务共享数据相结合，系统分析归集完整涉碳数据
如何合理设置谋划年度用能指标	· 发展改革委 · 统计局 · 经信局等专业部门	充分发挥专业优势，制订基于用能基数的预算分配办法，实现用能指标差异化分配
仅依靠政府力量来促进碳减排造成的财政压力和企业减排动力不足的难题	· 发展改革委 · 经信局 · 公共资源交易中心等专业部门 · 金融机构等	引入余量交易、绿电抵扣、碳金融服务等，通过公共资源交易中心进行余量交易，通过发展改革委等部门制订要素配置倾斜、超用量次年等量扣减等激励约束机制，通过人民银行等金融主管部门以及相关金融机构给予靶向政策支持
政府、企业不知如何科学识别用能问题和助力技术改进	· 用能单位 · 供电公司 · 综合能源公司	依靠供电公司、综合能源公司"绿能＋能效"综合能源服务，科学引导企业低碳绿色发展

三是根植平台化和透明运营理念，数字支撑实时监测。改变过去政府信息披露和预警不及时，企业实时掌握用能情况不够问题，根植数字平台化理念，通过PC端和掌端平台，实现预算一键分配和执行情况全过程透明管理。

四是根植价值提升和复制推广理念，试点实施持续发展。通过试点不断完善固化流程和机制，开展经验交流分享，加强品牌宣传和向上汇报，实现可复制推广。

主要做法

专班通过构建"一个机制"加强工作落地、"一套规则"优化用能管理、"一个平台"保障数智管控,对重点企业用能实施预算化管理,让企业用能有计划、政府管控更精准。

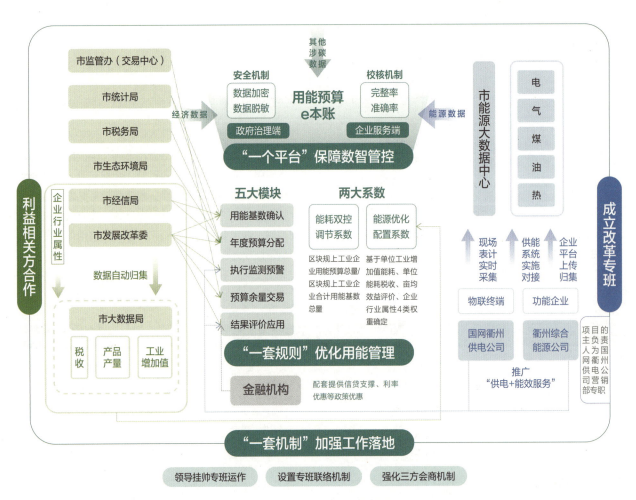

用能预算"e本账"项目实施举措概念图

达成共识、成立专班,"一个机制"加强工作落地

领导挂帅专班运作,协同推进落实

完善专班组织机构,市政府主要领导亲自挂帅,各利益相关方"一把手"主抓,业务专家骨干加入,采用"集中讨论任务分配"和"按需集中办公"两种模式推进运转。强化三方"日汇报、周管控、月总结"会商机制,统筹协调跨单位事项,攻破领域难点。

用能预算化管理专班工作会议

梳理需求顶层设计，明晰权责资源

专班通过召开座谈会、实地调研梳理各方需求，由供电公司牵头做好方案顶层设计，明确各方责任、任务和资源支撑，推动政府出台管理办法，各方按照责任边界落地执行。

2021年12月，衢州市印发《衢州市用能预算化管理办法（试行）》

利益相关方亟须解决的需求清单和优势资源支撑清单

利益相关方	亟须解决的需求清单	优势资源支撑清单
政府	· 解决原有的"先用能再限制"无法实现精准管控，一旦碳排放指标超限，需通过用电调控、限产关停等易影响经济增速和社会稳定的方式降低控制碳排放指标的难题。	· 行政资源和统筹协调。 · 碳排放量分配权和定额权。 · 资金、人力和政府内部激励支撑
发展改革委、经信局、生态环境局、统计局、税务局等政府相关部门	· 能精细化、柔性化、市场化地开展用能管理，制订一套有效规则，提前谋划年度指标、分类精准实施调控、促进资源优化配置，实现能源消费总量控制、科学管控心中有数。 · 通过一系列激励手段，主动引导企业投入技术改进，可持续推动高值低耗产业发展和区域能源结构绿色转型。 · "双碳"落地缺少强有力的推进手段，尚未形成降碳的良好氛围。 · 仅依靠政府力量来促进碳减排，涉及的科技研发、设备设施改造的前期投入较大，难以持续和发展	· 碳排放标准制定权力和数值核算能力。 · 碳排放基础数据库（归集完整涉碳数据，确认用能基数）。 · 科学制订用能基数确认规则及能耗双控调节系数、能源优化配置系数。 · 支撑用能预算市场化交易，划转用能预算。 · 实施绿电抵扣、超用量次年等量扣减、资源要素倾斜等激励机制。 · 比对企业年度用能总量和年度用能预算，给出评估结果
衢州市公共资源交易中心		· 支撑用能预算市场化交易，保障余量交易和激励能顺利实现
大数据中心	· 实时掌握完整的数据，将所有涉碳数据、经济数据归结到一起。 · 综合评判相关企业碳排放情况。 · 协同各方做好"双碳"落地工作	· "源网荷储售、冷热电水气"能源生产消费全过程数据，构建涵盖电、煤、油、气、水、热等各类能源的生产、输送存储消费等数据的"数据池"。 · 多维度接入和应用能源数据、金融数据和政府其他数据。 · 配合打造预算智能分解和全过程监控的数字化管控平台
供电公司	· 承担社会责任，协助政府做好发展与降碳的平衡，协助企业做好生产与用能的平衡，为精准降碳贡献智慧与力量。 · 快速走出传统供售电市场的"舒适区"，提供定制化的能效服务，拓展综合能源市场，助力新型电力系统高质量发展。 · 保供稳价，确保电网安全稳定运行	· 数字化产品开发能力。 · 监测月度能源使用量。 · 为政府、企业提供辅助决策，配合管理办法修订。 · 鼓励用能主体参与"绿电交易"，推动能源绿色转型。 · 指导企业科学用电，配套相关节能技术改进服务。 · 保障电网安全平稳运行
用能企业	· 对年度用能计划有一个合理的预期，及时掌握自己的用能执行情况、单位产品能耗及能效水平，合理调整生产。 · 有效识别用能问题，提升单位用能经济价值，获得碳金融激励支持，获取可持续减碳的动力。 · 需要节能降碳、技术改进转型的指导	· 提供生产过程中碳源结构数据和碳排放数据等。 · 用能预算化执行落地的重要主体。 · 在试点过程中提供反馈
金融机构	· 通过碳排放量对经济主体进行价值评估，发挥金融优化资源配置的功能，"表扬"高值低耗产业，让低值高耗产业"见贤思齐"，引导其绿色转型，走出一条绿色金融助力激励的新路子	· 对管控执行到位的企业靶向配套提供信贷支撑、利率优惠等政策优惠，以金融杠杆撬动节能减碳工作。 · 对管控不佳企业的信贷进行限制，倒逼企业投入技术改进、低碳转型

科学设置、流程改进，"一套规则"明确用能分配

归集"e账本"数据信息，描绘企业"碳账户"

打通政府与企业间的数据壁垒，通过现场表计采集、供能系统对接等方式，实时采集全品种能耗数据。联合市发展改革委、税务局等应用政务数据共享平台，整合经济数据信息，对企业碳效水平的行业先进性、区域贡献度、历史下降率等指标进行综合评估，精准建立企业"碳账户"。

明确"e账本"用能基数，完善分配"规则尺"

制订基于用能基数的预算分配办法，根据3年能源消费最高值及节能验收报告，确定企业本年度用能基数。创新设置能耗双控调节和能源优化配置两大系数，从单位工业增加值能耗等四个维度出发，对企业实施差异化用能预算分配。

合理确认用能基数		科学设置"两个系数"	
存量企业	根据前三年用能量最大值核定	**能耗双控调节系数** ·区块规上工业企业用能预算总量 ·区块规上工业企业合计用能基数总量	**能源优化配置系数** ·单位工业增加值能耗 ·单位能耗税收 ·亩均效益评价 ·企业行业属性
新规上企业	根据上年度用能量核定		
新增项目	根据节能验收报告确定的用能量核定		

用能基数 × 能耗双控调节系数 × 能源优化配置系数 = 年度用能预算

用能预算分配规则

梳理需求顶层设计，明晰权责资源

专班通过召开座谈会、实地调研梳理各方需求，由供电公司牵头做好方案顶层设计，明确各方责任、任务和资源支撑，推动政府出台管理办法，各方按照责任边界落地执行。

推进"e账本"余量交易，高效配置"资源库"

完善年度用能预算余量交易规则，依托衢州市公共资源交易中心进行市场化交易，将用能权的交易转变为用能预算余量的交易，交易量不影响次年预算额，有效激发市场活力。明确企业购入绿电、自用可再生能源可直接抵扣能源消费量，提高企业使用绿色能源积极性。

开展"e本账"结果评价，构建激励"应用仓"

客观评价实施结果，联合金融机构对管控执行到位的企业靶向配套提供信贷支撑、利率优惠；对于执行不到位企业实行预算次年等量扣减、差别化电价等约束机制，引导企业投入技术改进。供电公司推出"绿能+能效"服务，为企业提供一站式智慧能源服务，指导企业科学用电，保障电网安全。

数字支撑、平台植入，"一个平台"保障数智管控

开发全国首个用能预算化管理平台，植入"浙里办"等掌端平台，在政府治理端实现年度用能预算智能分解、用能进度实时掌控、评价结果多方应用，在企业服务端提供能耗进度实时查询、预算余量交易、节能咨询等特色服务，让政府和企业对能耗控制做到心中有本账。

2021年12月29日，全国首个"用能预算化管理应用场景"在衢州市正式上线

用能预算"e本账"企业端（左）和政府端（右）界面

加强沟通、复制推广，总结项目经验加强宣传

组织开展首轮企业用能基数确认和预算指标分解，引入第三方评价全面评估实施效果，编制完成系统操作手册，开展项目制培训，加强项目宣传和沟通汇报，不断完善可复制、推广的典型经验，为全省、全国推广提供"衢州经验"。

衢州市用能预算化管理系统操作手册

组织召开衢州市用能预算化业务培训会

项目成效

该项目聚焦问题有效解决，为各利益相关方创造综合价值最大化，展示公司负责任的良好形象，极具复制推广价值。

▌应用成效

环境价值:碳排放强度有效降低

截至2022年12月，衢州全市1158家规上企业得到预算分配确认，通过能源要素倾斜，从184家高耗能企业调整出45万吨标准煤支持974家优质企业，撬动241家高碳低效企业投入技改资金60亿元。衢州碳排放总量同比有效降低6.3%。单位GDP能耗下降2.4%。预计"十四五"期间全市碳排放强度下降19%，年实现碳减排700万吨，清洁能源使用比例提升5%。

经济价值:降本增效更加有力

通过碳金融激励配套支持和绿电抵扣等激励，为企业节能技术改进提供资金支持，提升单位用能经济价值，缓解企业资金流压力，累计发放绿色减碳贷633.51亿元，助力企业减碳降本3亿元。2023年年初，衢州碳交易余量860吨，为企业带来创收4.73万元。国网衢州供电公司"绿能+能效"服务已在26家重点用能企业试点开展，预计每年可帮助企业降低成本1亿元以上，拉动自身新兴产业投资1.2亿元，年产生固定收益3000余万元。

社会价值：带来各方增量价值贡献

协助政府谋划年度指标、分类调控，实现能源消费总量控制、科学管控心中有本账，杜绝降碳朝令夕改、一刀切限电等错误操作带来的经济损失和社会不稳定难题；协助企业算清账单、随时查询用能，实现生产调整、用能平衡心中有本账；供电公司运用预算化结果，推进能效服务，拓展市场蓝海，缓解电力供需矛盾，保障电网安全，形成供需互动心中有本账。

▌社会影响和多方评价

该项目为浙江省数字政府"一地创新、全省共享"应用项目，引导全省3万家重点用能企业参与降碳，年节约电量165亿千瓦时，减少碳排放913万吨，并在广东、福建等地复制推广。多家主流媒体聚焦报道该项目，得到各级领导专家批示肯定和利益相关方高度认可。

利益相关方评价

衢州经验值得研究学习借鉴，对推进此项工作的领导和团队予以表扬。

——中国人民银行

衢州在实现可持续的转型与变革中做了很好的基层探索，希望衢州把这件事一直坚持下去做好！

——中国城市科学研究会

衢州在探索双碳路径上做了一件打基础、利长远的大事好事。

——全国政协经济委

衢州碳账户建设已走在全国前列，为我们团队的研究开阔了思路、提供了借鉴，应予以高度肯定。

——生态环境部环境规划院

衢州市以能源碳排放为重点开展碳账户建设，方向正确，措施有力，做法对中央层面和全国各地都有借鉴意义。

——国家发展改革委资环司

借助该平台能随时随地查询公司年度用能预算是多少、已用多少能耗、剩余多少可用、能耗水平怎么样，有助于合理规划企业生产订单与用能计划平衡，进一步提升能效水平。

——浙江金沃精工股份有限公司

项目获评浙江省改革突破提名奖和衢州市改革突破奖"特别贡献奖"，入选浙江省数字化改革"最佳应用"。该项目还在2022年"金钥匙·国家电网主题赛"中夺得金奖，在第五届浙江省青工创新创效大赛中夺得银奖，在衢州市数据挖掘大赛中获得金奖，获得10项新型专利授权。

工作启示及下步计划

以"小切口"推动"大变革"，极具复制推广价值

回顾这个"糊涂账"变身"明白账"、从"先使用再限制"到"先预算再用能"的探索过程，国网衢州供电公司运用数字化治理工具为政府采取精准化、市场化、柔性化的能耗双控管理手段提供了数据、服务和技术支撑，也用有效的实践经验为更多行业、企业阐释了一个简单但深刻的道理：要想推动社会生产模式的变革，最先要改变的是人们的行动逻辑。先用能还是先预算、先投入还是先收益，这些看似轻微的"反转"背后，都蕴含着更加合理、更加科学、更加可持续的发展理念。从这样一个"小切口"着手，创造出了能让政府、客户、电网三方共赢的降碳路径模式，为"双碳"背景下区域低碳转型发展找到了一个解题公式，撬动起一场"双碳"时代的"大变革"，极具复制推广价值。

从"用能预算"到"碳排放预算"，促进全社会节能降碳水平再提高

国网衢州供电公司注重项目实施的长期效果，每年联合各利益相关方在项目总结的基础上持续改进项目。未来，国网衢州供电公司将把这套系统推广到更多城市，探索更多场景应用的"衢州样本"。协同政府从"政策支持、金融扶持、项目加持"三个方面，聚焦节能诊断、碳效评估、用能结构优化等，构建"用能精算化"平台，持续挖掘需求响应、电能替代、储能等潜在资源，为用户的每一度电精打细算。同时，在中央提出能耗双控向碳排放双控转变的背景下，借助用能预算化管理经验，探索实践碳排放预算化管理。初步设想通过预算分配、执行监测、治理工具、评价应用四大环节，为政府和企业提供预算管理、碳排放诊断、节能降碳等支撑服务，最终形成碳预算化管理体系，积极推进"数能中国"建设，助力实现"双碳"目标。

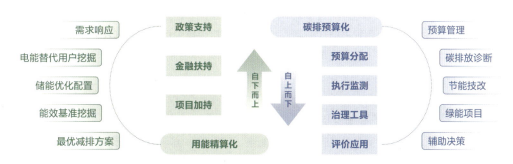

探索实践碳排放预算化管理

数智低碳楼宇改造"轻"方案

不让建筑多费一度电，不给环境多排一克碳

项目实施单位
国网杭州市滨江区供电公司

项目实施人员
李 红　徐川子　李题印　陈 奕　夏 霖
富岑莹　何岳昊　向新宇　徐靖雯　徐成司

项目实施时段
2021年—2022年12月

项目背景

杭州市滨江是国务院批准的首批国家级高新技术产业开发区之一，也是"浙江资本第一区"，呈现出典型的园区经济、楼宇经济、总部经济的用电特点，陆地面积63平方千米的土地上共有400多座办公楼宇，以杭州全市最小区域面积创造了全市第三的地区生产总值。

滨江区上市公司达65家，市场主体突破10万家，平均每栋写字楼内有超过200家企业入驻，2022年GDP超过2100亿元。与GDP高速增长相伴而生的是高能耗与碳排放。滨江区最高负荷超过105万千瓦，年用电量42

亿千瓦时，其中企业用电年排放二氧化碳约244万吨。

作为以园区经济、总部大楼为主的滨江区，园区（楼宇）节能成为响应国家"双碳"战略落地的关键之举。滨江区政府编制的碳达峰路线图显示，楼宇建筑能效占减排路径贡献比例的62.96%。为最大限度挖潜该领域的减碳空间，助力滨江区建设碳中和示范区，国网杭州市滨江区供电公司（简称滨江供电公司）全面细致分析楼宇低碳节能的问题与症结。

楼宇用电管理颗粒度粗，政府侧精细用电执行难
滨江区小微企业数量众多，导致楼宇或园区的用电负荷复杂，碳排放来源不清晰，碳减排路径不明确，政府在落地"双碳"、开展用能预算化管理过程中缺乏科学、便捷的手段与方法。

楼宇节能改造成本高，企业方节能降碳推动难

一方面，随着市场化售电的持续推进，企业用能支出显著增加；另一方面，传统节能改造项目成本高、周期长，大部分中小微企业缺乏主动改造的意愿。

楼宇用电负荷管理难，电网端投资建设效益低

滨江区土地资源紧张，近5年未净增变电站，存在工作时段负荷畸高、其余时段负荷偏低的峰谷不平衡现象。

楼宇用电数智化程度低，物业方能效主动管理难

物业管理的建筑面积相对较大，且以传统的劳动密集型输出为主，数智化程度低、管理效率低、人工运营成本高。

思路创新

为解决各方面临的问题，形成"双碳"背景下多方共赢的绿色低碳发展新模式，在国网杭州供电公司和滨江区委区政府的大力支持下，滨江公司根据社会责任根植项目的理念和思路，推动利益相关方（政府主管部门、综合能源公司、民营企业、园区、物业等）发挥各家所长，以城市级、区域级低碳建筑群为对象，首创以"轻量级"为特征的绿色智慧低碳楼宇改造解决方案。

方案通过感知设备、大数据、人工智能技术，可汇聚能源数据流，为建筑中的不同空间生成实时低碳绿色智能运行策略，实现"环境全感知、分析全实时、策略全智能、控制全自动、效果全反馈"，从而"不让建筑多费一度电、不给环境多排一克碳"。

利益相关方分析

利益相关方	参与意愿	核心诉求	优势资源
政府	非常强烈	·理清碳排放来源和碳减排路径，落地"双碳"目标 ·科学、便捷地开展用能预算化管理	·加强建筑能效监管 ·出台相关支持政策
电网	非常强烈	·灵活管理楼宇用电负荷，有效降低电网峰谷差 ·提高电网投资建设效益，提高投资回报率	·提供精细用电技术支持 ·提供个性化能效服务及资金支持
企业	强烈	·降低楼宇节能改造成本 ·减少企业用能支出	·场地资源优势 ·具备合同能源管理可行性
物业	非常强烈	·提高楼宇用电数智化程度 ·提高管理效率，减少人工运营成本	·具备运维实施团队 ·提供资金支持

主要做法

研发即插即用设备，实现用能数据全采集、用能设备可控制

在硬件上，对网络、感知、计量、控制四类设施进行改造，研发了即插即用的通信装置、多功能探测器、空调控制器、照明集控器等，实现园区用能设备的范围全覆盖、数据全采集、远程全控制。

快速高效地建立空间、人、设备之间多维度、全景式关联，以1000平方米×5层的办公楼为例，大约需要安装10个楼宇物联网关、10个空调网关、120个多功能探测器，以及若干照明集控设备，预计改造成本不超过7.5万元，平均改造成本在15元/平方米左右。

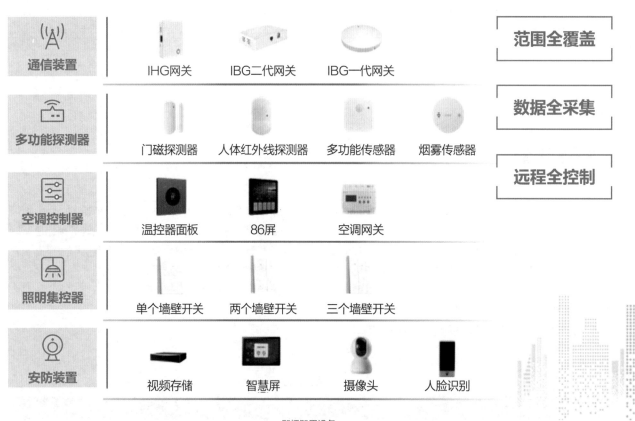

通信装置	IHG网关	IBG二代网关	IBG一代网关	范围全覆盖
多功能探测器	门磁探测器	人体红外线探测器	多功能传感器	烟雾传感器	数据全采集
空调控制器	温控器面板	86屏	空调网关	远程全控制
照明集控器	单个墙壁开关	两个墙壁开关	三个墙壁开关
安防装置	视频存储	智慧屏	摄像头	人脸识别

即插即用设备

通过数字孪生、深度学习和云计算，打造独立唯一空间编码，实现用能策略精细化、柔性化、智能化管理

在软件上，项目按照政府统一地址库设计最小空间分割方法，打造独立空间唯一编码，对园区每一个空间，每一个设备进行ID赋值，对每个细小空间执行不同的能耗自动管理策略，是楼宇精细化节能管控的基础。

运用人工智能决策分析技术，自动对会议室、办公区、公共大厅等地实施不同的柔性调控策略，计算分层分区分类设备最佳运行模式，制订舒适度影响最小、成本最优的负荷柔性调控策略，对空间进行精细化管理，解决了楼宇节能管理难的问题，让每千瓦时电都物尽其用。改造后，人工智能产业园夏天综合能耗下降30%，每年节约用电25.7万千瓦时，减少二氧化碳排放149.3吨。

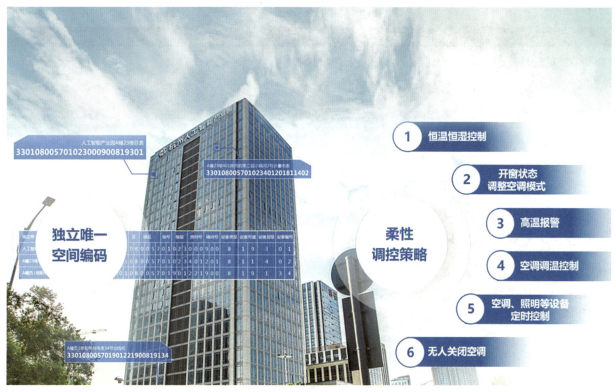

柔性调控策略

1 恒温恒湿控制

2 开窗状态调整空调模式

3 高温报警

4 空调调温控制

5 空调、照明等设备定时控制

6 无人关闭空调

楼宇用能柔性调控策略

研发数智运营平台，实现用能监测全景化、穿透式、互动型管理

项目研发一套低碳楼宇数智运营平台，以"滨""和""碳""电"四大模块，为政府、电网、企业和物业提供四方服务，将包括空间分割、能耗对比、碳排监控、节能管理、报修保洁、监测预警、数据分析等数据在平台中进行全景展现。"滨管家"支撑政府的监管和决策，"和管家"辅助物业的管理和服务，"碳管家"实施专业的节能降耗，"电管家"侧重于用电分析、安全保障以及与电网的弹性互动。

人工智能产业园低碳数智运营平台

探索出一套符合园区可持续发展的商业模式，通过灵活的商业合作形式实现双方共赢

业主或物业可根据自身情况选择一次性投资、合同能源托管或节能收益分享模式，解决了节能改造执行难、成本高的问题，2023年已经推广至滨江区政府下辖公共建筑，并在其他成熟写字楼、产业园区进行市场化推广。

以华数数字电视产业园区为例，对其多联机（VRV）中央空调设备进行能耗监控和节能改造，通过部署感知和控制设备，引入物联网（IOT）平台的智能化场景管理与联动，实现空调设备的统一接入和智能化管理。今年1—3月，该平台无人关闭类策略执行294次，智能调控2624次，空调使用节能策略后低温寒潮期间测算节省40%，长期使用综合测算节省30%。

复制推广项目

项目名称	建筑类型	改造面积（平方米）	改造前单位面积电耗（千瓦时）	节能效果
人工智能产业园	产业园区	12000	76.8	整体节能 21%
滨江海创园	产业园区	77000	72.7	空调节能 23%
新再灵总部大楼	办公楼宇	4800	83.3	整体节能 17%
华数总部大楼	办公楼宇	1800	194.6	空调节能 40%
浙江国际大酒店	商业酒店	30000	120.0	整体节能 20%

唤醒公众低碳意识，实现节能理念深入人心、成效共建共享共赢

引入园区用户"碳单"制度，用户对个人行为进行申报，比如选择电动汽车、公共交通出行、少乘电梯、双面打印等，参与需求侧响应可获得碳币。在园区内的租户之间开展横向评比，比如同类型用户间单位面积能耗、人均能耗、环比同比下降比例，是否达到国家要求的引导值等。通过个人碳单和企业碳单的小切口，让人们重视日常排碳指标，控制排碳行为，营造低碳办公生态。通过开办节能公开课、发放宣传手册等多种寓教于乐的形式唤醒社会节能低碳意识，践行低碳办公倡议。

项目成效

本项目从政府管理体制、电网运行机制、企业经营方式、物业服务模式四个方面进行根本性的变革，改变原来粗放式、人海式的用能管理模式，全面引领绿色、低碳、可持续发展。

政府管理体制转变，使"双碳"落地更有抓手

能耗双控指标从分解到各区域转变为分解到户、落实到月，更精准地核算各企业的碳耗水平。通过接入全区逾10万家企业的能源数据，掌握全区企业单位GDP电耗，针对高耗、低效的企业，精确开展能耗双控、碳排放交易、能源计量监督等相关工作。

电网运行机制转变，使坚强智能电网更具弹性

在用电形势紧张的情况下，可通过系统"一键响应"调整照明、空调等用能设备。配合政府开展需求响应、有序用电、能耗双控时可以将参与用户从单一的1200家高压用户延伸至全区10万企业用户，全面扩充需求响应负荷资源池。

企业经营方式转变，使企业用能成本更加透明

通过每月水、电、气等各类费用的合并用能账单明细及能效诊断方案全面掌握企业用能结构与成本明细，节省用能30%以上，年用电量100万千瓦时的企业年均电费支出可节约20万元以上。通过能源计量体系百分百覆盖，企业内部关键节点的用电状态百分百可控，能在短时间内迅速响应有序用电、需求响应指令。

园区运营模式转变，使物业用能服务更显智慧

水、电、气等用能数据升级为实时采集、自动结算，实时掌握园区内部重要设备关键节点的电力数据，故障发现时间缩短80%以上，提高表计抄收效率50%以上，实现物业费、水电费、公摊费等百分百线上缴纳。通过全景展示园区实时人流量、空余车位、充电桩等公共资源，向有需求的企业开放，全面提升物业服务数字化、智能化水平。

利益相关方评价

建筑节能是一个前景巨大的市场，如果将该模式推广至全市乃至全省，对于开拓市场空间、优化资源配置、节省社会用能都有着巨大的意义。下一步要加快形成通用改造标准、加快全市推广进程、加快制定配套政策。

——浙江省能源局

楼宇节能意义重大，不仅对保障能源可靠供应有重要作用,对稳市场保民生也有着巨大帮助，建议健全示范试点协调组织与工作机制，做到上下联动，协同推进，加快创建绿色低碳办公楼宇示范区，为杭州市、浙江省推广提供"滨江方案、滨江模式、滨江经验"。

——浙江省智能制造专家委员会

绿色智慧低碳楼宇轻量级改造我们是全力支持的，经过一段时间的运行，我们普遍认为通过改造，在不影响正常办公的前提下，为我们极大节约了用电成本，在整体经济环境不景气的困难局面下助企纾困，解决了企业燃眉之急。

——企业用户及物业方

工作启示及下步计划

该项目聚焦公共机构和商业楼宇，借鉴杭州人工智能产业园的典型经验，杭州市滨江区计划用3~5年实现全域推广，约有18.6万千瓦负荷可实现一键调节，可调容量约相当于两个110千伏变电站的变压器容量，可节省电网基础投资2~3亿元，节约区规划用地12.8亩。

若推广至全国，以"2021年第三产业用电量14231亿千瓦时"为基准，若有一半楼宇参与轻量级改造，按照20%节能率计算，可以节约1400亿千瓦时的电量，将减少二氧化碳排放8134万吨，产生1000亿元以上的市场利润，按照50%的成本粗略计算，净利润超过500亿元。本项目涉及产品研发、设备制造、现场施工、平台开发、效果评估等，按平均年净利润5000万元计算，可培育符合IPO发行标准的上下游企业近千家，形成一个完整的低碳建筑改造生态圈。

"绿电魔方"
让工业企业降碳稳准好

社会责任根植工业社区电力服务模式创新

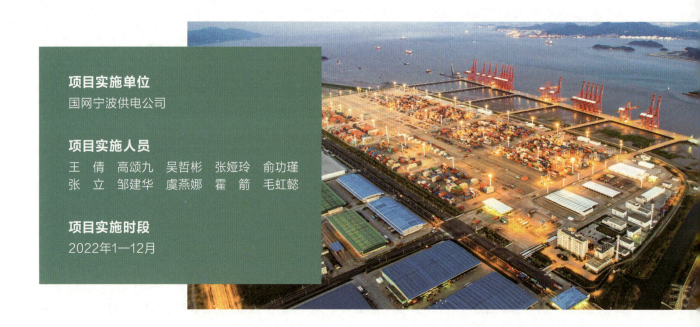

项目实施单位
国网宁波供电公司

项目实施人员
王 倩　高颂九　吴哲彬　张娅玲　俞功瑾
张 立　邹建华　虞燕娜　霍 箭　毛虹懿

项目实施时段
2022年1—12月

项目背景

党的二十大报告指出"实现碳达峰碳中和是一场广泛而深刻的经济社会系统性变革",2022年8月,工信部、发展改革委、生态环境部联合发布《工业领域碳达峰实施方案》,将深入推进节能降碳作为控制工业领域二氧化碳排放的重点任务。在国家"双碳"政策驱动下,工业企业的节能降碳已经从过去的"选做题"成为一道"必答题"。

浙江省宁波市作为全国制造业强市,也是全国首个"中国制造2025"试点示范城市,拥有规上工业企业超过万家,位列浙江省第一。在"双碳"战略目标的时代背景下,宁波市工业企业面临较大节能降碳压力。一方面,缺资金、少技术、管理水平低、市场不透明、降碳效益不突出;另一方面,市场上节能降碳提供各类产品和服务,大多是从设备改造、工艺优化、管理系统等某个单独层面出发进行优化提升,往往是"头痛治头、脚痛治脚",不能实现"标本兼治"。

针对上述问题,国网宁波供电公司充分发挥能效管理专业技术优势、能源产业链核心位置优势以及属地化沟通协同服务优势,在北仑全国首个工业社区企业服务模式的基础上,创新成立工业社区能源联络站,搭建起以助力工业企业节能降碳为宗旨的多方沟通合作平台,充分发挥政府部门、金融机构、设备厂家等利益相关方资源优势,携手打造形成"绿电魔方"能源管理服务平台,为工业企业节能降碳难题提供系统化、个性化的方案,带动利益相关方共享绿色发展成果。

思路创新

▌焕新思维：从个体视角向全局视角转变

国网宁波供电公司跳出固有思维方式，树立节能降碳的"全局视角"，通过根植利益相关方沟通理念，以交流座谈、上门拜访、调研走访、线上交流等多种形式，与工业企业及社会各方就节能降碳开展深入沟通交流，了解在节能降碳过程中企业面临的实际问题和主要诉求，关注社会各方的资源和诉求，重新审视和思考工业企业节能降碳问题。

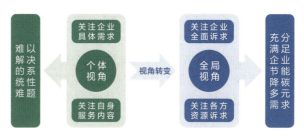

从个体视角转向全局视角

问 题	诉 求	现 状
· 不清楚适合自身的降碳路径	· 节能降碳方案适合自身发展	· 有意愿
· 缺乏节能降碳的资金、技术、人员等资源	· 减少节能降碳过程成本投入	· 行动慢
· 难以评估节能降碳效益	· 降低节能降碳实施难度	· 成效低
· 缺少专业、优质的合作方	· 获得更大经济、社会、环境效益	

工业企业节能降碳问题诉求分析

▌重构定位：从参与者向推动者转变

针对工业企业节能降碳过程中遇到的复杂问题和多元化需求，国网宁波供电公司从服务工业企业节能降碳的"参与者"向"推动者"转变，通过根植利益相关方合作理念，依托北仑全国首创的工业社区服务企业特色模式，与工业社区建立紧密的沟通及合作关系，推动助力工业企业节能降碳从供电公司的"个体愿景"提升为工业社区企业服务力量的"共同目标"，调动工业社区服务资源优势，助力工业企业绿色转型发展。

角色定位转变

▌创新模式：从各行其是向互利共赢转变

在工业社区内建设能源联络站，搭建助力工业企业节能降碳的多方沟通合作平台，系统分析识别节能降碳过程中涉及的工业社区、政府部门、供应商企业、金融机构等利益相关方，积极邀请利益相关方共同参与到服务工业企业节能降碳中来，按照"共商服务方案、共同落地实施、共促优化提升、共享发展成效"的合作理念，转变以往"各行其是"的工作方式，开创工业企业节能降碳多方参与的全新服务模式，共同创造经济社会环境综合价值。

能源联络站链接各方资源

主要做法

▌双网融合，共建"邻里圈"

融入社区服务，与工业社区建立常态化的沟通协作机制，共同组建"电企社区联盟"，促进双方在资源、信息和人员等方面的交流，共同推动供电服务网络与工业社区服务网络之间的有效融合；在工业社区设置金色电力驿站，提供"供电+能效"服务、用电设备检查、用电安全检查、用电咨询、业务办理等服务活动，让工业企业享受到家门口的服务体验，做工业企业的"自家人"。

联合工业社区工作者、志愿者组建企业用能现状调研团队，开展专项调研。全面了解企业经营现状、用能特点、能源消费结构、能耗水平。了解企业在促进节能降碳不同环节存在的主要困难和发展需求，助力企业节能降碳难题找准"关键靶点"。

仑南供电所所长受聘为灵峰社区大党委兼职委员

开展企业用能状况调研

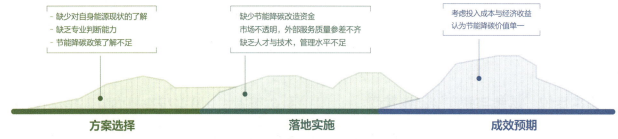

- 缺少对自身能源现状的了解
- 缺乏专业判断能力
- 节能降碳政策了解不足

- 缺少节能降碳改造资金
- 市场不透明，外部服务质量参差不齐
- 缺乏人才与技术，管理水平不足

- 考虑投入成本与经济收益
- 认为节能降碳价值单一

方案选择　　　　**落地实施**　　　　**成效预期**

工业企业节能降碳关键阻碍剖析

▌平台搭建，构建"朋友圈"

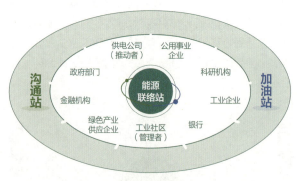

能源联络站示意

能源联络站服务窗口

联合节能降碳涉及政府的经信部门、环保部门，金融机构，设备厂商等不同利益相关方，了解核心诉求以及资源优势，共同探索企业节能降碳合作路径。

工业企业节能降碳利益相关方诉求分析

利益相关方	参与意愿	核心诉求	优势资源
经信部门	非常强烈	· 推动地区工业企业绿色发展 · 保障工业企业高质量发展 · 促进绿色工厂建设	· 工业企业资金支持 · 工业企业发展政策 · 工业企业发展监管 · 协调组织力
环保部门	非常强烈	· 降低企业污染物排放 · 了解企业排放数据	· 工业企业环保审批 · 环境保护监管
工业社区	非常强烈	· 助力工业企业健康发展 · 增强工业企业服务能力	· 完善的服务网络 · 服务资源协调
工业企业	非常强烈	· 满足环境监管要求 · 降低生产成本 · 提高生产效益 · 获得绿色标签 · 实现可持续发展	· 资金优势 · 场地资源优势
供电公司	非常强烈	· 提高能效服务水平 · 推动电能替代 · 开拓能源服务水平 · 塑造责任品牌形象	· 能效服务技术优势 · 电力资源调度 · 光伏项目支持能力 · 电力服务政策
金融机构	强烈	· 支持绿色产业发展 · 拓展优质客户	· 资金优势 · 金融服务资源优势
设备厂商	强烈	· 拓展经营渠道 · 增加业务量和市场占有率	· 设备技术优势
外部机构	强烈	· 拓展市场	· 专业技术优势
科研机构	强烈	· 开展技术研究 · 推动科研成果转化	· 专业技术优势
媒体	强烈	· 宣传热点问题	· 舆论影响力 · 公信力

由工业社区出资、供电公司提供资源和技术支撑，建设形成工业社区智慧能效管理平台，实现园区企业能耗数字化、直观化。创新开发"企业用能健康码"，实现企业能源消费状态动态全感知，让工业企业可以便捷、精准地掌握自身的设备能效、管理能效和碳排放水平，描绘企业用能画像，持续跟踪节能降碳成效。

创新企业用能健康码，构建降碳减碳数字档案

▌ 绿电魔方，营造"生态圈"

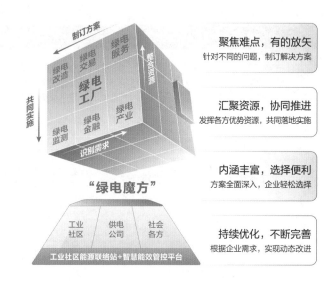

有效发挥不同利益相关方的资源优势，按照"识别需求、整合资源、制订方案、共同实施"四大关键步骤，针对工业企业在节能降碳过程中在资金、技术、设备、管理、人员、市场等不同层面遇到的问题，共同打造绿电"魔方"能源服务平台，创新提出并形成涵盖"绿电金融、绿电改造、绿电服务、绿电监测、绿电交易、绿电产业"六大方面的服务方案内容，为工业企业制订了像"魔方"一样系统化、个性化的全面解决方案。

工业企业可以结合自身发展需求和面对的具体问题，通过"绿电魔方"1+N服务模式随机组合，方便、便捷地选择适合自身的节能降碳路径，把"朋友圈"打造成多方共赢的"生态圈"。

聚焦难点，有的放矢
针对不同的问题，制订解决方案

汇聚资源，协同推进
发挥各方优势资源，共同落地实施

内涵丰富，选择便利
方案全面深入，企业轻松选择

持续优化，不断完善
根据企业需求，实现动态改进

"绿电魔方"方案内容及价值成效解读

绿电魔方	聚焦难点	主要参与主体	实施方案核心内容	价值共赢
绿电金融	缺少节能改造资金	· 国网宁波供电公司 · 农业银行北仑分行 · 宁波市生态环境局 · 宁波市地方金融监管局 · 上海环境能源交易所	开展首个碳资信评价建设及金融应用试点，为企业低碳减排提供贷款优惠	· 企业获得改造资金 · 供电公司能效服务推广 · 金融机构获取优质客户 · 相关部门提升监管质量
绿电改造	缺少节能生产设备	· 国网宁波供电公司 · 光伏生产厂商 · 光伏投资企业 · 节能设备厂商	联合设备厂商，通过车间空压机改造、屋顶光伏等新能源接入，为企业制订节能改造系列方案，帮助企业实现绿色转型	· 企业降低能耗，建设绿色工厂 · 供电公司开拓能效市场 · 设备厂商增加销路 · 投资企业获得优质标的
绿电服务	缺少节能降碳专业人员	· 国网宁波供电公司 · 灵峰工业社区	为企业提供常态化能效服务，帮助企业培训员工，增强节能降碳意识	· 供电公司提升品牌形象，拓展能效市场 · 工业社区提升服务质量，完善服务内容
绿电监测	能耗管理水平不足，不了解自身实际水平	· 国网宁波供电公司 · 工业社区 · 数据系统提供商 · 数据采集设备商	建立能效监测平台，帮助企业提升能效管理数字化水平	· 企业提升能效管理水平 · 工业社区推进绿色园区建设 · 供电公司拓展能效市场 · 设备厂商拓展销路
绿电交易	担心成本投入，不清楚降碳价值	· 国网宁波供电公司 · 工业企业 · 宁波市能源局 · 绿色发电企业 · 浙江电力交易中心	设计绿电交易品种，用以满足用户购买、消费绿色电力需求，并提供相应的绿色电力消费认证，助力企业实现清洁用能，满足企业绿电需求	· 工业企业获得绿色认证，提高出口竞争力 · 工业企业通过光伏发电，获得绿电收益 · 绿色发电企业获取经济收益 · 宁波能源局提高管理效益 · 浙江电力交易中心实现新产品开发 · 供电公司拓展能效市场
绿电产业	不了解政策信息，缺乏专业判断能力，市场信息不透明	· 国网宁波供电公司 · 设备及服务提供商 · 施工企业	为企业提供多种节能降碳产品名录，帮助工业企业了解节能降碳市场服务情况，提高市场服务信息透明度，并为企业选择提供针对性的指导，有效降低企业的选择成本	· 供电公司拓展能效市场 · 设备及服务提供商增加销路 · 施工企业获得项目

长效运营，构筑"服务圈"

加大"绿电魔方"的宣传介绍，提高服务获取的便捷度。联合工业社区服务队和社区工作者，通过能源微课堂、沙龙培训、政策宣传等多种渠道开展线下宣传，积极邀请新闻媒体走进工业社区，帮助企业深入了解"绿电魔方"多样化的服务内容和不同业务的办理流程。建立灵峰工业社区节能降碳微信群，覆盖园区95%以上企业，让更多主体参与。

针对有降碳需求的工业企业，联合相关利益相关方共同组成专项工作小组，为企业进一步定制个性化的服务方案，帮助企业选择最为合适的降碳方案。联合"绿电魔方"利益相关方提供企业节能降碳服务，并依托智慧能效管控平台持续监测企业节能降碳成果。

在北仑横河社区开展电力服务线下宣讲

为旭升公司定制个性化降碳方案

项目成效

充分释放降碳潜力，助力绿色转型发展

"绿电魔方"项目的实施，提供了企业节能降碳系统性解决方案，在帮助企业化解节能降碳过程中多个方面关键阻碍的同时，也让企业在实现节能降碳过程中，提升了企业管理水平，塑造绿色品牌形象，获取更多支持政策，实现绿色可持续发展。截至2022年年底，"绿电魔方"工业社区电力服务模式获得经信局、发改局等政府部门高度肯定，并拓展到15个工业社区，覆盖6000余家工业企业。通过进一步的复制推广，将为全国其他1000多个类似工业社区内的更多企业解决节能降碳难题，为"双碳"目标在工业领域的实现提供新路径。

有效拓展服务市场，树立责任品牌形象

"绿电魔方"项目实施，转变供电公司传统服务视角和服务方式，推动供电服务从单一的能效服务向绿色金融、绿电产业、碳服务交易等多元领域的发展，为实现高质量发展提供积极助力。通过"绿电魔方"项目进一步树立了国家电网公司责任品牌形象，得到利益相关方的广泛认好评和多家新闻媒体的宣传报道。

利益相关方评价

今年6月，我们认证了全国首批AAA级碳资信，获得银行1000万元的绿电金融贷款用于节能改造，真是解了燃眉之急。

——浙江聚能智慧电力科技有限公司

"绿电魔方"联络了多家相关方，将把我们社区全部78家企业的屋顶铺满光伏板，还有正在安装的园区能效数治管理平台，让我们能够直观地看到每一家企业、每一条生产线的能耗水平。

——灵峰工业社区

宁波作为工业社区的发源地，规上企业位列浙江第一，"绿电魔方"这种深度融入工业社区的能源服务治理模式，既开放又灵活，能有效推进工业企业绿色转型。

——宁波市能源局

媒体宣传推广截图

▌实现多方互利共赢，创造更大综合价值

"绿电魔方"模式的实施，探索出一条助力工业企业节能降碳的全新服务模式，不仅解决了工业企业节能降碳难题，也为参与各方提供了新的发展平台、发展机遇，让政府管理效能得到提高，工业社区提升了企业服务能力，设备及服务厂商增加了销量、拓展了产品服务，金融机构实现产品创新、获取了优质客户。截至2022年年底，已经吸引能源局、经信局等7个政府部门、3家银行、2家绿电交易商、3家光伏安装企业、4家节能设备制造商共同加入，打造工业企业节能降耗多方共治、多方共赢的新局面，获得2022年"金钥匙——面向SDG的中国行动·国家电网主题赛"金奖，为其他地区解决节能降碳难题找到了一把切实可行的"金钥匙"。

工作启示及下步计划

▌以点带面，服务工业节能降碳产业链

国网宁波供电公司找准"工业社区"关键平台切入口，注重示范项目的带动和引领作用，联合工业社区、工业企业、光伏设备厂商、光伏投资企业、节能设备提供商、数据系统提供商等相关方，推进能源供应清洁化、设备用能节约化、能源管理数字化等服务，把工业企业能效"吃干榨尽"。在宁波旭升汽车技术股份公司，不仅建设屋顶光伏发电和储能系统，还打造空压机余热回收系统、能效分析系统，管控生产过程能量流。改造后，每年节约能耗支出近600万元，降低碳排放1万余吨，并获得"国家级绿色工厂"荣誉，成为节能降碳样板。

▌多方联盟，打造工业节能降碳生态圈

为凝聚更大工作合力，2023年2月，国网宁波供电公司推动成立宁波市首个绿色电力协会。该协会在工业社区通过区人民代表大会提案，首届会员企业涵盖从事绿电生产、供应、使用、储存、设备制造、工程施工、勘察设计、监理、工程检测、科研服务企业，包括具有绿电购买、绿色工厂建设、零碳园区建设等与减碳降耗需求相关的企业共计 31 家。绿电协会在政府、供电企业和市场主体之间发挥纽带和桥梁作用，促进顺畅沟通，加强政策预期管理，汇聚清洁能源发展技术力量、前沿资讯，开展绿色低碳知识科普、绿电碳权交易咨询、绿色电力技术服务、绿色项目示范等工作。

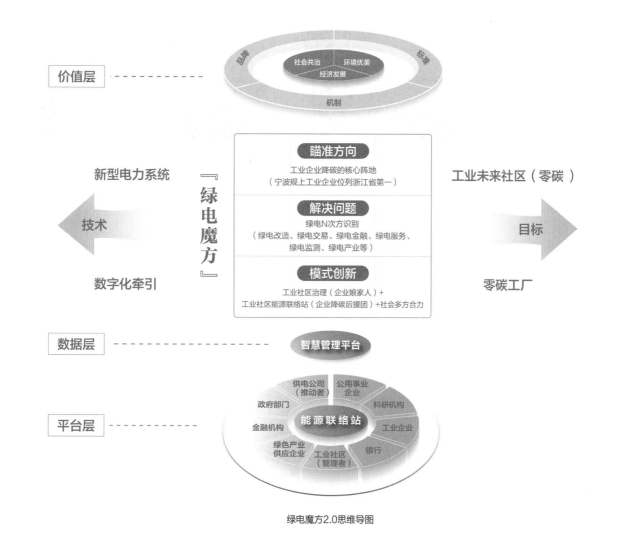

绿电魔方2.0思维导图

从"淘气宝"到"淘金者"

多方助力工业企业变身"降碳达人"

项目实施单位
国网宁波供电公司

项目实施人员
王　倩　吴哲彬　方云辉　张娅玲　叶佳青
杜蕾佶　杨建立　马国平　徐莉莉　洪　琦

项目实施时段
2022年1月—2023年12月

项目背景

工业是中国能源消耗和二氧化碳排放的主要领域，工业能否率先碳达峰是中国2030年达峰目标实现的关键。压缩空气被喻为工业企业的"血液"，大多数工业企业都使用压缩空气系统辅助生产，但大部分空压机能效达不到国家二级要求，空压系统的节能改造成为工业企业降本增效的重要突破口。

作为全国重要的制造业城市之一，宁波拥有规上工业企业超过1万家，位列浙江省第一位，是全国制造业"单项冠军"第一城。据统计，宁波市在役共有1.5万余台空压机，年用电量40亿千瓦时以上，占全市工业用电量的8%左右。

国网宁波供电公司在助力工业企业提升压缩空气系统能效的过程中，发现工业企业常常面临三大难题：一是不

清楚怎么挖。面对结构庞杂、环节众多的空压系统无从下手。二是不清楚怎么管。生产设备存在"能效数据孤岛"，企业缺乏系统化、智能化管控能力。三是不清楚效益如何。面对高额初始投资，无法短时间收回成本的能效提升方案，投资改造意愿不强烈。

为解决上述问题，国网宁波供电公司秉承"服务换业务，业务换资源"的理念，打造"淘气宝"能效服务平台，创新"技术+商业"模式，通过将服务从供电设备延伸到用能设备，开展能源数据互联，攻克压缩空气系统这一"吃电老虎"，把"气"淘成"宝"，有效解决工业企业能效提升难题。并在"淘气宝"的基础上，带动更多社会利益相关方加入"淘宝为金"队伍，打造以企业为中心的省电、节能、降碳、网荷互动的柔性互动生态圈，助力宁波从"制造大市"迈向"智造之都"。

思路创新

针对工业企业想要提升压缩空气系统能效面临的三大难题，国网宁波供电公司创新聚合管家身份，通过分析了解政府相关部门、工业企业、供电公司、设备供应商以及综合能源服务商的诉求，找准 4 个关键点，聚合 5 大利益相关方，构建"淘气宝"平台，从压缩空气中来淘宝，将服务从用电设备延伸到用能设备上，合力为工业企业提升压缩空气系统的能效水平，助力多方共赢。实施中首创智慧压缩空气管理平台，建设标准化数字计量体系，实时监测空压机系统运行效能。创新多元服务商业模式，首创"政""供""电""企"四位一体模式，聚合形成高效、低碳、便捷、多元的能效服务生态圈。

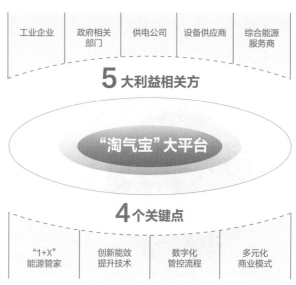

"淘气宝"思路创新导图

主要做法

利益相关方分析

利益相关方	参与意愿	核心诉求	优势资源
政府相关部门	非常强烈	· 推动全市空压机管理水平 · 推动全市工业能效提升	· 政策处理能力 · 社会资源整合
供电公司	非常强烈	· 提升公共能效服务水平 · 提升国家电网责任品牌形象 · 聚合更多的可调负荷资源	· 电网资源 · 供电服务优势
综合能源服务商	非常强烈	· 拓展能源服务种类 · 获得更好的技术借鉴和经验积累	· 新兴节能技术优势
工业企业	非常强烈	· 降低企业运营总体成本 · 提升工业数字化管理水平	· 提供客观成效评价 · 提升行业降碳信心
设备供应商	非常强烈	· 获得更大市场空间 · 推广设备品牌	· 专业化的设备品牌优势

国网宁波供电公司以"三商"服务从企业供电设备延伸到用能设备，搭建"淘气宝"能效服务平台，联合五大利益相关方，聚焦四个关键点，从技术突破、数智赋能、商业模式创新等多维度发力，开展为工业企业提供涵盖节能检测诊断、设计咨询、设备采购、投资建设、维护保养、数字化智慧运营等一体化服务，线上线下实现空压机全寿命周期管理，创新构建多机综合应用协同运行模型，打造多方共享互信的公共服务平台，提升工业企业压缩空气系统能效使用率，帮助企业实现降本增效。

一支"1+X"能效管家队伍

以联合国可持续发展目标中国先锋杨建立为典型，塑造了一支专业服务队伍，并培养每一位员工成为"一专多能"的复合型人才，以能效专业为核心，多元化专业发展，掌握一项主技能的同时掌握"X"项辅助技能。在实际项目推进过程中，不仅帮助企业解决空压机系统存在的问题，还可以帮助企业解答其他用电设备存在的问题，通过专业的服务人员与技术支撑，增加企业对供电公司的信任感，增强客户黏性。

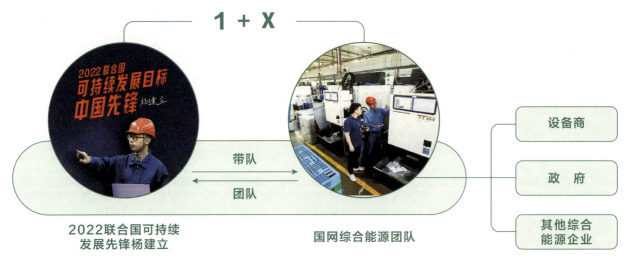

"1+X"能效管家队伍示意

一系列创新能效提升技术

围绕压缩空气系统"心脏"——空压机进行能效优化提升，根据不同的工业企业规模、生产行业特性来实现四大转变，一是将单台低能效空压机优化为整体的一级能效压缩空气系统；二是将分散"煤气罐"式独立供气改为集中管道供气或园区共享供气；三是将粗放型的敞开供气模式，改为智能按需、按量供气；四是将以往余热排出浪费的情况，改为余热回收梯级利用，最终实现企业的降本增效。

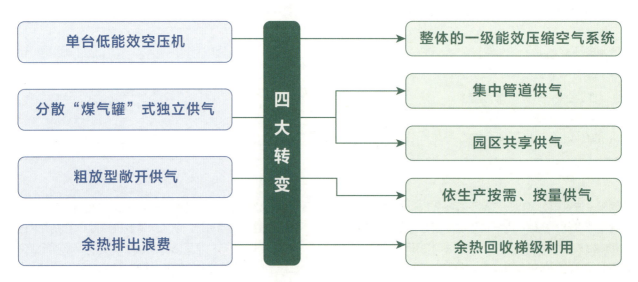

四大转变实现空压机能效提升

以爱柯迪为例，该企业主要从事汽车铝合金精密压铸件的研发、生产及销售，产品主要通过压铸和精密机加工工艺生产的铝制汽车零部件，因此压缩空气使用量特别大。但在实地走访调研过程中，国网宁波供电公司发现该厂存在空压机型号老旧能效低、多台空压机独立运行控制加卸载频繁造成能源损耗严重、空压机的输送管网结构设计不合理造成压力损失大、供气管道上的排水阀失灵造成大量泄漏等诸多问题，从而导致供应系统能耗较高。为此，国网宁波供电公司在4个厂区分别建设集中供气站，并对空压机余热回收利用，供应厂区生产生活用热水需求。供气总规模达到每分钟1200立方米，改造前气电比为0.1259千瓦时/立方米，改造后气电比控制在0.108千瓦时/立方米以内，能效提升超15%，预计年减少用电为400万千瓦时，节约费用308万元。其中，3号工厂配置余热回收系统，余热回收供应热水温度可到达55摄氏度，水量为10吨/小时，可满足全厂区职工生活用水，每年可节约费用35万元。

爱柯迪2号工厂空压机

一套数字化管控流程

通过建立以数据为基础的能耗监管系统，支持电、水、气等数据接入，以精准计量为核心，创新能效评价模型，建立压缩空气系统能效评价体系，解决压缩空气系统能效无法量化评价的问题，实现对各种能源的集中监控、计量和分析。企业通过这一数智化管控平台，实现单机管控变为压缩空气系统整体智能管控，结合线上、线下远程自动控制，保障压缩空气的制取精细化、智能化，让企业可以对每一克碳精准溯源。同时，平台应用可视化数据分析手段，对能耗数据与能效评价模型进行形象化展示，借助公司品牌公信力，打造多方共享互信的公共服务平台。

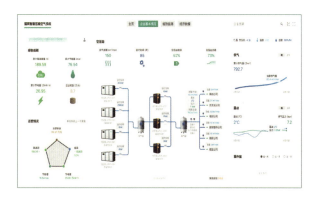

数字化管控流程示意

▌一个多元化可持续的商业模式

在传统模式下，企业在购买空压设备时，除了需投入高额的设备购置费用外，每年还需要对设备支出一定的维护检修费用。以宁波金田铜业为例，该企业压缩空气平均使用量为每分钟150立方米,企业自行投资建站需花费350~400万元，新增3台螺杆空压机、3台冷干机、储气罐、智慧空气压缩系统等设备，每年设备运维费用大约为10~15万元。

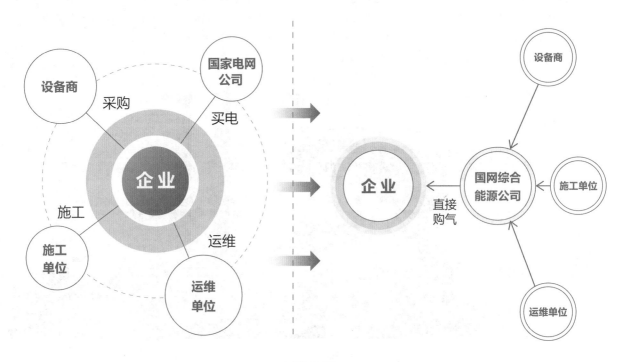

商业模式示意

为此，国网宁波供电公司创新商业模式，推出研发投资建设运维一体化的模式，由综能公司投资建站运维，由传统的卖电向卖气（能）转变，工业企业只需按量支付压缩空气使用费即可。对于工业企业来说，投资成本下降为零，运维成本下降为零，用气成本由原来0.12元/立方米下降至0.105元/立方米。对该项目而言，空压机系统能效提升项目综合收益率18.4%，项目回收期3.7年，可行的商业模式也为该领域打造了可复制推广模式。

项目成效

▌淘气为宝：打造工业企业空压系统节能增效提升样板

带动利益相关方实现从满足需求到创造价值的改变。截至2023年11月，在宁波建成高效空压站16座，工业企业用电用气成本明显降低，为全社会节电超1000万千瓦时，降碳7000多吨。推动宁波市政府出台《宁波市空压机能效提升计划（2023—2025）》，计划到2025年，全宁波基本淘汰达不到二级能效标准的空压机，推广一级能效空压机2000台以上，建设一级能效空压站100个以上，形成年节电能力2亿千瓦时以上，空压机装备制造、节能等相关产业规模增长50%以上。

利益相关方评价

供电公司主动服务打造工业企业空压系统节能增效提升样板。下阶段将出台空压机补贴政策，为行动计划期间开展更换、新建空压机或改造高效空压站的项目进行补助，支撑全市空压机能效提升计划。我们计划用3年左右时间，推广高效空压机2000台，完成后预计全市可节电2亿千瓦时左右。

——宁波市能源局

使用集中供气智慧空压站后，现在用4台空压机就达到了原来6家分厂合计25台空压机的效果，用电成本降低，供气质量更稳定，设备运维智能化水平也有了提升。

——金田铜业

供电公司搭建平台将我们全面实施了光、气、热、空调负荷的一体化改造和监测，系统提升企业能效水平。每年节约用电约620万千瓦时，减少能源费用支出480万元左右，减少碳排放4400吨。

——爱柯迪股份有限公司

2022年余姚率先在省内建成首个园区级共享空压站，目前又建成全省最大的共享空压站——塘创园共享空压站，接下来计划依托本地政府机构，批量接入水、电、煤、气等各项用能信息，实现全域能源数据的整合和管理，利用"三网一平台"的车联网、能联网、光联网将客户信息及能效项目信息接入，打造能源大数据中心。

——余姚市牟山工业园

从"淘气宝"到"淘金者"：带动更多相关方加入工业企业"淘宝为金"队伍

"淘气宝"服务平台首创了公用辅助系统空压机领域的服务示范，可为水循环、空调等其他辅助系统构建综合性服务平台提供示范作用，形成更加庞大的能效服务市场，有效促进区域整体公用辅助系统的效率提升与运营优化。

国网宁波供电公司联合相关政府部门与行业龙头企业，先后发布了《工业企业用能提升指南》《园区级"源网荷储一体化"规划研究》《宁波低碳工厂建设标准》《宁波乡村能源低碳转型服务指南》等，将实践经验总结为标准，将项目打造为样板，助力国家"双碳"目标的实现。

带动更多利益相关方

行业协会　　**官方标准**　　**市场试点**　　**综合示范**

全国首个碳资信金融应用试点

余姚牟山首个园区共享空压站　　爱柯迪一级能效空压站

实现绿电金融贷款2500万

成立绿电协会　　工业企业能效提升指南

金田铜业-清洁智慧气岛

越来越多的利益相关方加入工业企业"淘宝为金"队伍

▌多方共赢：树立社会责任品牌形象

通过"淘气宝"服务项目的实施，国网宁波供电公司完成了从"电管家"到"能源综合管家"的角色转变，供电企业到能源互联网企业的思维与模式转变，以空压机能效提升为突破口，拓展"三商"服务体系，为企业提供引领型的清洁能源供应服务，深耕型的能效提升专业服务，布局前瞻型的能源交易聚合商服务，助力宁波工业企业竞争力提升。通过综合空压机设备选型、系统规划、安装调试、运行优化以及附加增值服务等多种服务内容，设计多种盈利模式，实现电网公司的收益增加。截至2023年10月，国网宁波供电公司通过帮助企业建设分布式光伏、地源热泵等方式，新增年可再生能源发电量87亿千瓦时，降低二氧化碳排放600万吨。在从"淘气宝"向"淘金者"转变的过程中，进一步树立了国家电网公司责任品牌形象，得到利益相关方的广泛好评。

媒体报道截图

工作启示及下步计划

▌以点带面，推动公共能效全面提升

在成功搭建能效服务平台并帮助工业企业实现空压系统降本增效的基础上，以"三商"服务体系进一步拓展能效服务领域，将空压系统的能效提升经验应用到锅炉等其他系统能效领域，借助线上线下的综合服务能力，为工业企业的发展提供更高效、更节能的改造提升方案，实现能源的高效利用和成本的优化控制，满足工业企业不同的能效需求，推动实现公共能效的全面提升。下一步国网宁波供电公司将以提升宁波地区能源供给水平为重点，以空压机行动计划为参照，重点以满足锅炉系统能效和数字化的升级改造需求为导向，着力增强技术创新、产品创新、模式创新，完善标准支撑和服务体系，持续提升节能高效锅应用比

工业企业综合能效"淘"系列图示

例，加强全市锅炉系统高效节能型技术应用，加速推动锅炉数字化改造，提升锅炉智能化监控水平，全面提升锅炉系统能效至全国先进水平。

工业脱碳、减碳、消碳生态图

多方联盟，打造工业柔性互动生态圈

为更好地凝聚社会多方力量，国网宁波供电公司牵头成立了宁波市新能源产业商会电力交易与碳服务专业委员会，首届会员成员涵盖可再生能源、新材料制造、节能减排企业等共计41家，旨在发挥桥梁和纽带的作用，加强政策的有效落地实施，汇集并推广高新技术和典型经验，帮助企业优化供应链，选择低碳的设备供应商，建立和维护与供应商、客户、政府、研究机构等的合作伙伴关系。通过专业的能源管理培训和碳管理服务，帮助企业建立和完善碳管理体系，提高企业的碳管理能力。同时为企业提供金融支持，为低碳项目提供融资、开发和交易碳排放权，推动绿色金融的发展，从而加快推动能源变革转型与绿色低碳发展，为加快建设滨海大都市贡献电网经验与力量。

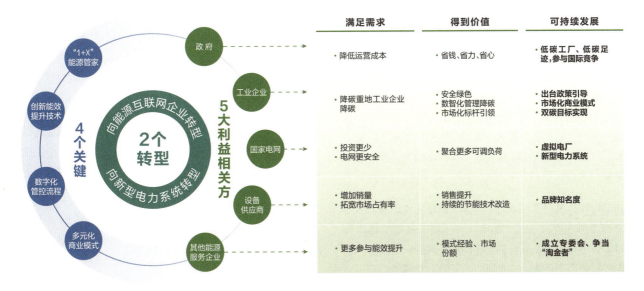

"淘金者"工业能源柔性互联生态圈

构建"亚运村碳中和生态圈"，汇聚降碳百倍能量

履责推进"被动降碳"为"主动降碳"

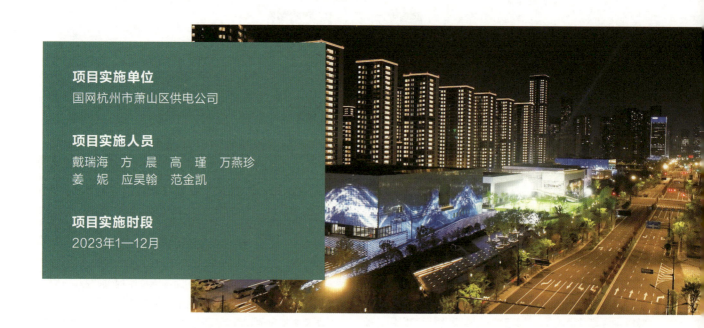

项目实施单位
国网杭州市萧山区供电公司

项目实施人员
戴瑞海　方　晨　高　瑾　万燕珍
姜　妮　应昊翰　范金凯

项目实施时段
2023年1—12月

项目背景

作为党的二十大之后我国举办的规模最大、规格最高的国际综合性体育赛事，杭州第19届亚运会秉持"绿色、智能、节俭、文明"的办会理念，实现首届碳中和亚运会。据数据统计，一场大型体育赛事产生的碳排放总量将达到上百万吨，相当于植树5000万棵以上，其中赛事交通、住宿、餐饮等活动的碳排放占比达到近40%。因此，亚运村的降碳工作也是实现碳中和亚运会的重中之重。

亚运村作为杭州第19届亚运会最大的非竞赛场馆，节能降碳工作主要存在三大难点。一是赛前基础设施降碳难。亚运村电力基础设施自身能效仍需进一步提升，以形成绿色用电环境。二是赛时节能潜力需释放。亚运会期间，约1.5万名运动员、技术官员、媒体人员入住亚运村，住宿等用能需求大，促进自主节能迫在眉睫。三是赛后低碳价值待持续。绿色是亚运会的办赛理念，赛后仍需持续放大"低碳效应"，以带动城市节能降碳。

针对上述问题，国网杭州市萧山区供电公司聚焦杭州亚运村，深度分析各利益相关方及核心诉求，针对亚运村不同阶段能源消耗特点，创新构建亚运村碳中和生态圈，积极推动硬件设施"被动降碳"和亚运村居民"主动降碳"双管齐下，为亚运会碳中和目标及社会绿色发展注入澎湃绿色能量。

思路创新

聚焦亚运会"赛前、赛中、赛后"三个阶段，打造以"基底、中心、辐射"三个圈层为核心的亚运村碳中和生态圈。从筑牢节能基础出发，以基底圈层降碳设施培育低碳用能理念传播土壤，中心圈层交互式降碳举措全面带动亚运村居民及社会公众在各个活动场景节能降碳，辐射圈层汇聚更多社会力量参与碳减排实践，引领带动层层降碳，助力实现杭州亚运会碳中和目标。

亚运村碳中和生态圈

主要做法

打造基底圈层，培育低碳用能土壤

构建亚运村电力节能"大脑"

以能源数字化为核心，依托数字孪生技术，全面融合"双碳大脑"的数据优势和碳排计算标准，创新打造"一图全览、一路追踪、一体智治"的杭州亚运低碳数字展示平台，有效厘清亚运村各区域能源消耗情况及碳排放量，为亚运村碳减排方案制订及实施提供有效指引。

创新企业用能健康码，构建降碳减碳数字档案

植入亚运村绿色能源"心脏"

以建筑低碳化为靶向，在220千伏世纪变电站率先落地实践变电站综合资源利用的新方式，铺设340千瓦分布式光伏，配置100千伏/100千瓦时电化学储能，依托就地能量管理系统，高效匹配源荷储资源，每年可发电40万千瓦时，节约碳排放307吨。2022年，"世纪变"获得中国船级社质量认证有限公司颁发的《碳中和证书》，成为国内首个获得权威机构认证的"碳中和"220千伏变电站。

组建亚运村零碳"卫士"

以服务绿色化为支撑，组建零碳工程师队伍，为亚运村提供交通零碳化配套建设、亚运村电气设备运行安全检测、效率评估、节能化改造等3大类13项专业化服务，以其节能降碳的丰富工作经验，为亚运村量身定制节能降碳方案。

国内首个获得权威机构认证的"碳中和"220千伏世纪变电站

▍打造中心圈层，种下低碳用能的种子

充分发挥亚运村绿色能源供应体系的最大效用，创新打造绿色低碳的形象IP"绿电兔"，结合亚运村不同活动场景用电特点针对性设置低碳活动计划，全面激发亚运村村民节能意识，主动参与为亚运村碳中和汇聚百倍能量。

低碳入住方面，部署需求响应终端设备，统计各国参赛队伍用电数据，每日发布"绿色亚运星级节电榜"，鼓励村民主动节能。低碳餐饮方面，深入开展光伏潜力评估与规划，在亚运村"万人食堂"投建173千瓦分布式屋顶光伏，预计每年可生产绿电约19万千瓦时。低碳出行方面，打造亚运村区域0.9千米充电圈，建成全国单期最大石塘公交智慧充电站、全国交通枢纽规模最大的萧山机场充电站，建设超级快充站，投运无线充电桩和V2G充电桩，实现电动车主为电网反向送电，成为电网的"充电宝"。低碳传播方面，积极打造亚运村电力驿站，作为亚运村内唯一亚组委官方认证的亚运青年V

站。将志愿服务与电力服务深度融合，积极设置系列低碳体验活动，促进低碳理念入脑入心，展现绿电点亮亚运的低碳之美。

亚运村电力驿站

打造辐射圈层，促进绿色种子茁壮成长

以"赛时为赛事，赛后为城市"为原则，亚运村"万人食堂"所在区域赛后改造为亚运村配套的"绿电小学"，继续以绿色能量服务更多人群。住宿区赛后转化为商业商务用房、酒店、写字楼等多种业态，其所安装的需求响应终端设备将持续服务于后期入住的居民、商户等各类群体，引导居民侧负荷需求响应，在为城市用电提供"错峰+引流"调节充电负荷等功能的同时，满足自身低碳生活需求。亚运村充电桩等设施也将有效满足城市未来低碳出行的高速增长，让亚运"电力遗产"永续赋能全社会践行绿色低碳的生产生活。

亚运村"万人食堂"屋顶光伏

利益相关方分析

阶段	关键利益相关方	利益诉求	优势资源
赛前	亚运会组委会	· 基础设施建设低碳化 · 实现"打造首届碳中和亚运会"承诺	· 提供政策引导和项目支持 · 在更多领域推广赛事可持续项目和经验
	企业	· 为亚运提供低碳化赛事服务 · 提升品牌影响力	· 提供资金、设施设备、技术等资源
赛时	赛时亚运村居民 （运动员、技术官员、媒体人员等）	· 享受优质居住体验和便利生活 · 从节能降碳中获得价值感	· 带动亚运会碳中和话题传播
	国际公众	· 关注亚运会最新进展 · 因参加亚运会而受益	· 传递节能降碳理念
	亚运会组委会	· 引导亚运村村民及社会公众 · 广泛参与节能降碳活动，形成示范效应	· 低碳传播平台及资源
	游客	· 感受亚运会赛事氛围 · 参与亚运会节能降碳	· 带动消费和流量 · 带动亚运会碳中和话题传播
赛后	赛后亚运村居民 （社区居民）	· 节约用能，获得节能补贴 · 享受优质居住体验	· 传递节能降碳理念
	政府	· 亚运遗产可持续利用	· 提供政策引导和项目支持 · 在其他社区推广应用项目经验
	社区及公众	· 因亚运会举办而受益 · 参与当地低碳节能活动	· 传递节能降碳理念

项目成效

绿色电能点亮绿色亚运

启动亚运史上首次"绿电交易",实现亚运会百分百绿电供应,其中亚运村累计完成绿电交易1159万千瓦时,减排二氧化碳6526吨。同时,将绿电使用范围扩展到接待饭店、交通场站、物流中心等地的用电设施和亚运保障车辆的充电设施,在亚运核心区打造"0.9千米充电圈"。

> **利益相关方评价**
>
> 亚运会绿色充电方案很好推进了可持续绿色交通的发展,而亚运会这样的国际赛事将使这样的理念进一步推广,希望有更多中国绿色低碳方案和标准走向全世界。
>
> ——可持续电气化交通系统委员会
>
> -
>
> 亚运场馆使用绿色电力,是落实绿色办会理念的具体举措,对于加快推动浙江能源绿色低碳转型,助力高质量实现碳达峰具有重要的促进作用。
>
> ——第十九届亚运会组委会场馆建设部

绿色样板助力产业低碳

将亚运村节能经验充分应用于工业园区,形成成套化绿色零碳(低碳)园区级解决方案,实现园区级别能源监测、管理和优化。以欣美电器为例,已完成2050千瓦光伏和1000千瓦配套储能系统投运,实现厂区碳中和。

央视报道

新华社报道　　　　　　人民日报报道

绿色行动提升城市美誉

借助绿色亚运的持续影响,举办"绿电TO毅行"等30项低碳主题活动,吸引数千人参与,以节能降碳的亚运之风提升居民、游客等群体的节能意识,用绿色能量改变人民生活,从而推动经济社会的绿色转型。

亚运村"绿色共建者"

工作启示及下步计划

绿色发展是未来,创新手段是关键

可持续发展是破解当前全球性问题的"金钥匙"。以科技、数字化赋能可持续发展是浙江给出的方案办法,在实现史上首届"碳中和"亚运会的过程中,国网杭州市萧山区供电公司通过数字化创新,打造以"双碳大脑"为核心的亚运低碳数字展示平台,厘清赛事碳排放来龙去脉,是赛事节能降碳实现"碳中和"的关键。"双碳大脑"数智降碳平台将持续一体解决城市碳排放测算、政府碳排放管理、企业精准减排的三大城市降碳难题,为城市级降碳工作引入科技创新新动能,让亚运遗产实现可持续。

聚焦赛事实现零碳,提炼经验服务发展

杭州第19届亚运会圆满落幕,顺利实现赛事"碳中和",国网杭州市萧山区供电公司将总结凝练在本届亚运会期间的绿电服务,形成可推广可复制的国际大型活动节能增效方案,力争成为未来各个城市举办大型活动绿色低碳的标杆示范,为我国"双碳"目标落地、可持续发展推进做出贡献。

绿色"塑"变，
探索塑料行业下游低碳管理

多方助力塑料行业向"绿"发展

项目实施单位
国网余姚市供电公司

项目实施人员
潘杰锋　耿　飞　翟宝峰　孙玉晶　张永涛

项目实施时段
2023年1—12月

项目背景

塑料行业是高碳排放行业，预计到2030年碳排放量将超越燃煤发电碳排放量。浙江宁波余姚素有"塑料王国"之称，这座2022年GDP全国排名第12的城市，涉塑产业占一半以上，其低碳发展水平影响全市经济的高质量发展水平。在宁波市政府着力打造以绿色化、新型化、高端化为特征的万千亿级产业集群的背景下，由于余姚的涉塑企业多处于塑料行业的下游，行业的低碳转型主要面临以下挑战：一是碳排放数据获取难，政府缺少监控企业碳排放的有力抓手；二是低碳转型带动难，涉塑企业缺少提前投资绿色转型的魄力和能力；三是碳减排手段有限，企业缺乏尖端碳负技术降低碳排放。

涉塑产业链三大主体面临的减碳难题

国网余姚市供电公司作为余姚涉塑产业主要能源供应者，掌握涉塑企业能源大数据，且能提供多元化的绿色低碳能源解决方案。余姚塑料龙头企业连接海外市场和当地涉塑小企业，是传导涉塑产业链节能降碳要求落地的关键平台。双方建立战略合作，创新开发用户侧碳排放智慧能源管理平台，围绕监"碳"足迹、绿"碳"源头、集"碳"减排、创"碳"名片四个方面打造全国首个塑料行业"全环节碳管理"示范项目，积极探索政企联动、共同参与、合作共赢的服务合作新模式助力塑料产业向"绿"发展。

聚焦解决: 涉塑产业链的节能减碳

三大难题 塑料行业碳排放高　政府侧管碳监碳难　企业侧碳信息追踪难

四大主体同发力
- 牵头方 国网余姚市供电公司
- 合作方 余姚市经信局
- 执行方 余姚市塑料城管委会 国网(宁波)综合能源服务有限公司

关键突破
- 打造全国首个涉塑行业用户侧碳排放智慧能源管理平台
- 推动政府出台塑料行业碳排放信息披露要求促进供应链绿色低碳转型
- 建立全国首个涉塑企业节能减碳工具箱

解决方案
- 监"碳"足迹 打通"三网一平台"系统和企业智能管理系统，打造用户侧碳排放智慧能源管理平台，全过程监测"碳"排放足迹，实现碳排放监测预警、碳核算数据统计等功能
- 绿"碳"源头 推动企业分布式光伏发电、储能电站项目建设，促请政府出台塑料企业环保技术升级奖励机制和塑料行业碳排放信息披露要求
- 集"碳"减排 扩大全省首个、全省最大园区级共享空压站建设经验优势，全面推广"智慧气岛"共享型压缩空气站，对多家企业进行集中供气，最大限度节能降耗
- 创"碳"名片 发挥电力数据资源优势，帮助企业获得"碳资信"认证、开发"绿证"、进行"绿电"交易，为塑料制品出口交易提供保障

预期成效
- 降低塑料加工生产环节碳排放
- 降低企业用能成本
- 涉塑产业链可持续协同发展

探索塑料行业下游低碳管理思维导图

思 路 创 新

接轨国际:
ESG 理念带动供应链减碳管理

主动转变管理视角,引入国际ESG理念。对照国际ESG标准对范围3碳排放披露的信息披露要求,促成政府节能减排激励要求在塑料行业落地,推动行业龙头企业将供应商ESG碳排放管理纳入管理,打造塑料行业节能降碳的评价标准和方向指引,规范管理流程,以降低行业碳排放水平,践行低碳减排行动目标。

示范推广:
打造涉塑企业减碳管理新样本

创新开发涉塑企业减碳管理工具箱。在充分了解各利益相关方资源特点和主要诉求后,协调策划具体节能降碳管理方案。努力探索形成以能源管理平台为核心,根据

企业自身业务需求引入不同类型绿色清洁能源,提供"碳金融"业务支持,全面打造因"企"制宜,可复制的减碳管理新机制。

协同合作:
龙头引领汇各方发挥资源优势

国网余姚市供电公司跳出固有思维模式,向本地龙头企业寻求战略合作,发挥其示范带动作用,共同推动利益相关方参与节能降碳管理合作。余姚本地塑料行业龙头企业与本地多家涉塑小企业之间存在供需关系,对当地涉塑产业链的传导影响大。双方以龙头企业为核心,充分整合、沟通上下游产业链,了解各方诉求,发挥各方优势,调动参与积极性,共同推动塑料产业绿色低碳发展。

利益相关方分析

利益相关方	核心诉求	优势资源
国网余姚市供电公司	· 推动能源转型 · 促进企业绿色发展 · 拓展业务渠道 · 加强智能化管理	· 供电服务 · 掌握电力数据资源 · 提供绿色低碳能源解决方案
政府（余姚市经信局、塑料城管委会）	· 监控涉塑企业碳排放的数据 · 促进塑料行业产业结构升级	· 设定塑料行业碳减排目标 · 制订塑料行业碳排放标准
行业协会（中国塑料城商会、余姚市塑料行业协会）	· 推动塑料行业产业结构升级 · 加强塑料行业绿色低碳管理 · 提升塑料行业竞争力	· 发挥企业与政府的桥梁和纽带作用 · 为涉塑企业发展提供相关人员、技术、信息支持
当地涉塑龙头企业	· ESG 标准范围 3 碳排放信息披露 · 满足国际"碳关税"商品出口要求 · 满足下游客户的碳管理要求	· 智能管理系统技术支持 · 内部已开展节能降碳管理和设备改造
重点客户（余姚领克汽车部件有限公司、金马实业等）	· 获取成熟节能降碳管理模式 / 方案 · 降低用能、排放和融资成本 · 提高企业竞争力增强企业品牌信誉	· 具有碳排放管理意愿 · 内部可提供相关人才、设备及资金等支持

主要做法

针对涉塑产业对环境产生的负面影响，国网余姚市供电公司通过走访调研当地涉塑企业、余姚市塑料城管委会、客户等利益相关方，发现能源是减少生产过程中碳排放的主要因素。国网余姚市供电公司充分发挥能源服务、电网技术和人才等资源优势，联合余姚本地塑料龙头企业建立战略合作，充分发挥其示范带动作用，主动牵头成立了绿"塑""碳"索者团队，探索出"政府主导、电力先行、行业龙头驱动"多方合作共赢新模式。

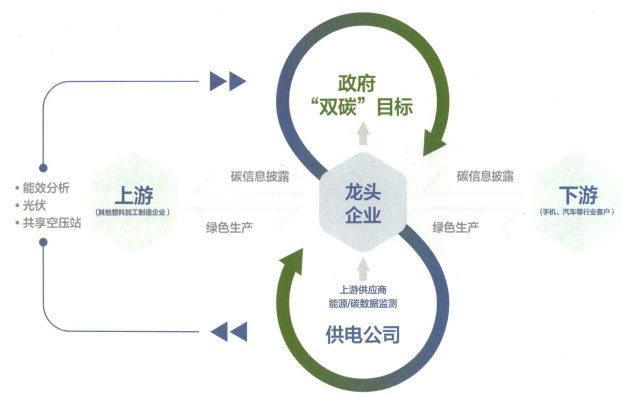

"政府主导、电力先行、行业龙头驱动"多方合作共赢模式

解决方案示意

监"碳"足迹:
能源管理"贯穿涉塑产业链低碳转型

国网余姚市供电公司依托当地能源双碳大数据平台,联合龙头企业智能管理系统,共同打造用户侧碳排放智慧能源管理平台。通过七大流程(原料获取、设计研发、生产加工、市场分销、运输物流、使用阶段和废弃物管理与循环利用)全过程监测"碳"排放足迹,实现碳排放监测预警、碳核算数据统计等功能。同时,政府通过制定和执行严格的环境法规和标准,设定塑料行业的减排目标,限制高碳排放的生产过程和技术,鼓励企业采取减碳措施。这样既可为属地政府提供涉塑产业碳排放情况,也能满足上市公司管理供应商碳排放的需求。

智慧甬链——用户侧碳排放智慧管理平台

监控能源消耗	重点涉塑企业	实现碳排放监测预警
监控碳排放		实现碳核算数据统计

涉塑企业实现碳监控

绿"碳"源头:
"一站式"服务强化生产环节能效提升

国网余姚市供电公司充分发挥能源服务优势,积极推动从生产加工侧引入绿色清洁能源,走访调查当地塑料企业,主动推介分布式光伏发电、储能电站等项目,从前期查勘、项目备案、设计施工到并网验收、送电运行以及后续运维各个环节,提供"一站式"全流程服务,确保企业便捷、及时、高效并网发电。

余姚某企业屋顶光伏

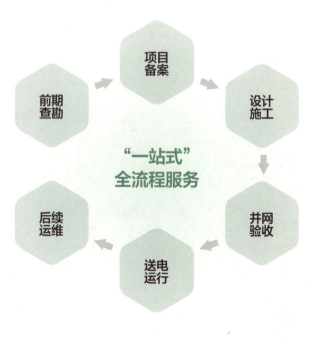

"一站式"双流程服务示意

集"碳"减排：
"共享空压站"为企业提供"绿"动能

压缩空气作为塑料企业的主要动力来源，用能占40%～70%。余姚当地小微企业众多，园区内独立供气、空压机站点分散、容量较小、输送管网布局设计不合理、缺乏维护等问题，导致能源转换率低，能源浪费居高不下。余姚公司通过企业走访、前期评估、能耗检测及分析，在园区广泛推广共享型压缩空气站，对多家企业进行集中供气，使压缩空气更稳定、更安全、成本更低。目前，共享空压站已在宁波的小微园区全面铺开，并在浙江全省推广应用。

共享空压站智能监控设备

共享空压站示意

创"碳"名片：
"碳资信"为塑料制品出口保驾护航

国网余姚市供电公司发挥其电力数据资源优势，前期主动为申请企业提供上门服务，填写碳资信评价相关表格，帮助企业在上海环境能源交易所申请，获得"碳资信"认证，继而为企业办理低息项目贷款提供支撑，为持续开展节能减碳设备改造提供资金支持，同时为企业海外出口贸易提供条件。

此外，国网余姚市供电公司作为电力企业，能够为塑料企业取得"绿证"，帮助企业进行"绿电"交易，为塑料制品出口交易提供保障。

成效一	为企业办理低息项目贷款提供支撑
成效二	为节能减碳设备改造提供资金支持
成效三	为企业海外出口贸易提供条件

创"碳"名片模块成效剖析

余姚某企业碳资信等级证书

项目成效

强强联手，创新打造全国首个涉塑行业用户侧碳排放智慧能源管理平台

首次以政企联盟、多利益相关方协同合作模式，共同推动涉塑产业链上下游深度融合。国网余姚市供电公司协同当地龙头企业充分发挥各自能源管理平台优势，整合数据资源打造用户侧碳排放智慧能源管理平台，具备碳排放足迹监测、碳排放监测预警、碳核算数据统计等功能，实现了对区域内所有涉塑企业碳排放的实时监测和塑料产业生命周期全流程管理。同时，发挥政府及塑料城管委会的监管和政策优势，通过对供应链数据的实时追踪、监控和评估碳排放量，找到减排的潜力和措施。

多措并举，持续丰富涉塑企业减碳工具箱，完善企业节能新模式

国网余姚市供电公司携手当地龙头企业，共同探索出了一套涉塑企业节能减碳成熟解决方案——能源数智平台+光伏+共享空压站+碳金融，全方位打造从能源生产侧的源头减碳新模式。同时，充分发挥龙头企业的示范带动作用，针对不同企业、不同需求，为余姚当地更多具有节能减排意愿的塑料企业提供经验、技术等支持，引导更多企业完善碳管理机制，促进企业自觉践行"双碳"责任，助力余姚当地涉塑产业绿色低碳发展，提升国际市场竞争力。项目自推行以来，预计2023年累计服务企业将达2562家，年均减少二氧化碳排放14万吨，帮助余姚整体GDP含碳量下降10%，共享空压站帮助塑料企业节约开支200多万元。

产业升级，积极传导国际ESG信披要求，加快供应链绿色转型

一方面，通过供应链协同合作模式，涉塑企业可以与供应链上游的原材料供应商和下游的产品制造商紧密合作，促进塑料制造企业积极提升能源利用效率，大力发展清洁能源。另一方面，上市企业受到国际最新ESG标准对范围3碳排放披露的信息披露监管规定，以及下游国际客户对于产品生产过程中降碳减排的相关要求，带动了余姚整个产业链的低碳升级。

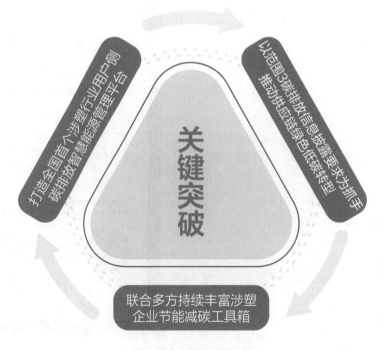

绿色"塑"变关键突破成效图

利益相关方评价

党的二十大报告指出，要加快发展方式绿色转型，推进各类资源节约集约利用，倡导绿色消费，推动形成绿色低碳的生产方式和生活方式。国网余姚市供电公司的绿色"塑"变项目，推动塑料行业高端化、智能化、绿色化，是央企社会责任的重要体现。

——浙江省社会责任促进会

我国是全球最大的塑料制品生产国，"双碳"目标下，我国塑料工业亟待绿色、低碳、循环转型发展，这个项目是低碳塑料循环经济一次很好的探索和实践。

——余姚塑料恒管委会

国网余姚市供电公司最大限度发挥电力支撑综合能源发展的杠杆优势，整合各方资源，为我们涉塑企业节能降碳提供良好途径。

——余姚领克汽车部件有限公司

国网余姚市供电公司绿色"塑"变服务塑料行业下游低碳管理项目自开展以来，受到广大客户的一致好评，得到了各界媒体的广泛关注，同时也得到了上级领导的高度肯定。自 2022 年以来，该项目累计被新华社、《国家电网报》、国家电网公司网站、电网头条App、浙江新闻客户端、宁波电视台等媒体报道二十余次，并作为典型经验被宁波市政府办公厅采用，在《宁波政务信息》第 159 期刊发。

每年节省用能成本130万元！余姚这家园区首建共享空压站

媒体宣传推广截图

工作启示及下步计划

以示范引领，促进塑料产业链绿色低碳转型

充分发挥示范项目的带动和引领作用，进一步携手更多余姚当地涉塑企业，持续推动全国首个塑料行业下游低碳管理示范项目落地实施，因"企"制宜进一步推广应用成熟的节能降碳技术"工具箱"。定期开展企业节能减碳知识普及、共享空压站推广应用以及提供"碳资信"认证咨询服务等。

以行业规范，推进涉塑企业供应链有序发展

余姚公司联合政府、行业协会和龙头企业，共同商定讨论，由政府牵头，依托 ESG 范围 3 碳排放信息披露监管规定，制订《余姚塑料行业综合整治方案》和整治工作清单，成立塑料行业整治工作领导小组，对全市范围内塑料行业企业实行清单制、台账式、网格化管理。此外，将对余姚市内具备环保手续的涉塑企业开展检查，对检查企业问题形成台账，并督促整改，实现塑料行业"规范、有序、绿色"发展。

02/生态保护

绿光电靓幸福

社会责任根植经济、环保型海岛备用电源系统建设

项目实施单位
国网温州市洞头区供电公司

项目实施人员
王 雪　张方东　庄 旭
陈景武　甘泽鸿　向 魁

项目实施时段
2022年1—12月

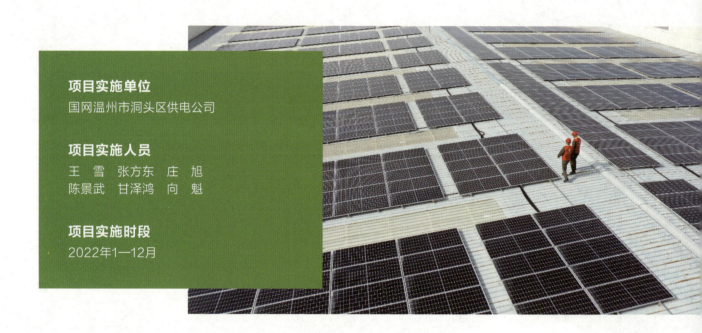

项目概况

由于海岛地区的电力系统远离陆地主网，电网架构相对较为薄弱，如何增进海岛电力系统的稳定性建设与运维管理，是很多海岛地区供电公司长期面临的问题。国网温州市洞头区供电公司（简称洞头供电公司）辖区内有人居住的岛屿14个，其中鹿西岛、大瞿岛、南策岛等海岛至今还未实现路桥连接。在台风等灾害天气下面临着较大的断电风险，断电事故时有发生，既给海岛居民生活带来不便，也严重影响海岛特色经济产业发展。由于主网韧性优化提升是一个长期过程，如何在主网优化过程中建设强有力的备用电源系统，成为应对海岛极端天气下的突发停电、避免经济损失的重要途径。

集体光伏电站作为规模化清洁能源供应的新型基础设施，为海岛情景下的备用电源建设提供了思路，但由于光伏电站建设运营涉及资金投入、用地审批、设备运维

等方面的难题，难以形成可持续的建设运营模式。由此，洞头供电公司依托社会责任根植项目，探讨通过协同多个利益相关方，开展资源协调的方式破解集体光伏电站建设难题，为在海岛建设经济、环保型备用电源提供模式探索。

思路创新

洞头供电公司作为本地电力基础设施建设和供电服务的主要提供者，如何提升供电可靠性、助力共同富裕，履行央企社会责任，成为洞头供电公司开展海岛备用电源系统建设的关键所在。洞头供电公司通过互补共济、多方联动、辐射共赢、可持续运营模式示范的工作思路，逐渐探索形成了海岛备用电源生态可持续建设运营思路。

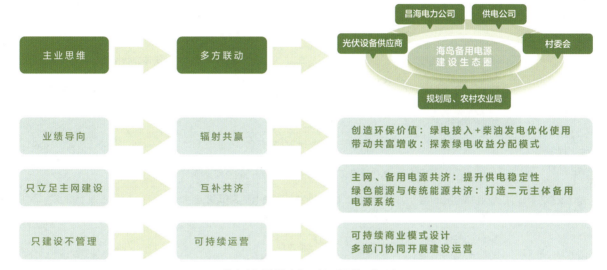

社会责任根植海岛备用电源建设的工作思路

互补共济

过去，洞头供电公司主要立足于电网业务本身，从技术优化、基础设施升级等角度来提高电力系统稳定性。但是由于传统的海底电缆、跨海架空线路等建设模式投资高、周期长，无法短期内显著提升供电可靠性，且备用柴油发电机在各户家中分散且零星使用，也无法形成共济互补、覆盖面广的备用电源系统。因此，跳出"主业思维"，通过多能互补、主备共济的方式打造与电网主网供电相协同的备用电源系统，成为解决海岛恶劣天气下突发断电风险的可行方式。

一是海岛主电源系统与备用电源系统的互补共济。通过海岛电网补强改造，辅以光伏电站为主体的备用电源系统建设，提升海岛能源系统稳定性。

二是光伏电站为主体的清洁备用电源与发电机为主体的传统备用电源互补共济。对本地居民已购置的柴油发电机进行信息收录并统一调派互济，进一步支撑备用电源系统。

多方协作

不论是清洁备用电源系统还是传统备用电源系统的建设，都处于供电公司主业边界外，需要联合供电公司以外的其他利益相关方解决备用电源系统建设中的资金、土地、运营、机制、利益分配等问题。洞头供电公司于2022年1月开启针对具有协作可能的利益相关方的访谈调研，明确了与政府、银行、村委会、光伏设备供应商等多方参与的海岛备用电源系统建设共赢协作空间。

利益相关方协调会现场图

利益相关方协作方案及合作阶段分工表

利益相关方	协同方案	预期受益	合作阶段
洞头区农村农业局	·财政资金补贴行政审批	·政绩：提升乡村基础设施水平、优化海岛特色产业营商环境	·集体光伏规划、融资、建设阶段
洞头区规划局	·协同开展土地规划	·政绩：完成乡村振兴新型基础设施规划	·集体光伏规划阶段
村委会	·集体光伏电站建设运营 ·村级发电机备用电源平台搭建	·集体收益：光伏发电收益增加村集体可支配收入 ·政绩：减少极端天气停电次数、优化村民居住环境、获得村民好评	·集体光伏规划、融资、建设、运营全阶段 ·发电机备用电源平台规划、搭建与运营
洞头供电公司	·项目规划设计 ·利益相关方协调与沟通 ·专业报装志愿服务 ·协助村级发电机备用电源平台搭建	·客户满意度：极端天气停电次数减少 ·优化政商关系：加强与政府部门的协作支持 ·企业声誉：提升负责任企业形象	·集体光伏投资、规划、建设、运营全阶段 ·发电机备用电源平台规划、搭建与运营
中国银行洞头支行	·融资贷款优惠	·完成业绩：完成光伏贷发放任务 ·企业声誉：树立企业负责任形象 ·优化政商关系：加强与政府部门的协作支持	·集体光伏融资阶段
光伏设备提供商	·光伏设备供应价格优惠	·市场拓展：进入本地市场并获得更多市场机会 ·企业声誉：树立企业负责任形象	·集体光伏建设阶段
昌海电力公司	·集体光伏电站运维 ·集体光伏电站运维技术培训	·市场绩效：获得运维收益 ·企业声誉：树立企业负责任形象	·集体光伏初期运营阶段
社会电工	·参与集体光伏电站运维技术培训 ·有偿提供光伏电站运维服务	·增收：提供运维服务并获得劳务收入	·集体光伏移交后的运营阶段

▎辐射共赢

围绕集体光伏为主体的海岛备用电源的建设与运营，该项目力争既能够实现利益相关方的共赢，又能够带动共创价值的辐射外溢，让更广泛的经济社会主体从中获益。

通过始终围绕"共赢"进行利益相关方合作方案的设计与商谈，本项目利益相关方协作方案实现了所有利益相关方的预期受益与成本付出的对等匹配。此外，在提升海岛居民电力获得感的同时，海岛光伏电站建设运营的预期发电收益一般可在运营的第6~8年实现。

集约化利用海岛分散分布的柴油发电机资源，改变过去家庭自购发电机不环保、零星分布无法发挥合力的情况，推动以发电机为主体的海岛备用电源系统的更多价值创造。

▎可持续模式示范

由于以集体光伏为主体的海岛备用电源系统建设涉及"规划—融资—建设—初期运营—移交后运营"等多个环节、多个利益相关方之间的协同，一套可持续的多方共赢模式是海岛地区探索主备电源协同可靠供电的核心。

洞头供电公司以探索"可持续"建设运营模式为路径，开展利益相关方资源整合、协调沟通，破解一般光伏电站建设项目中的融资、持续运营难以盈利等难题，通过选择具有代表性的村镇进行试点，在实践中逐渐形成一套可长期持续运转、经验可复制推广的集体光伏备用电源多方共建模式。

实 施 举 措

以优化升级海岛电网基础设施、建设"经济、环保型海岛备用电源系统"为目标，以多方联动、互补共济、辐射共赢、可持续模式示范为基本原则，选定洞头辖区内的两大海岛——鹿西岛、霓屿岛为试点，开展集体光伏电站为主、私人发电机共享为辅的海岛备用电源建设与运营。

▌生态化联动：
搭建利益相关方资源协调平台

由政府与供电公司联动，搭建光伏备用电源建设资源协调平台。以集体光伏电站为主的海岛备用电源建设需要高额投资、特定的建设土地、专业的规划设计服务。洞头供电公司在深入调研的基础上，以鹿西岛的口筐村、昌鱼礁村、霓屿岛的下社村为试点，搭建起"政府、村镇、银行、供电公司、相关企业"等五类利益相关方为核心成员的海岛光伏备用电源建设资源

协调平台，由各方派出联络人员组建虚拟团队，明确分工，由洞头供电公司进行组织管理与沟通协调。

一是多方参与开展空间资源规划。洞头供电公司与试点村村委携手开展村级光伏电站规划方案设计，邀请规划局、当地村民等多个利益相关方协同进行土地资源规划，最终在鹿西岛口筐村建成投产村级光伏电站；同时，计划在霓屿岛下社村的特色产业园——蟹公寓与紫菜园，通过利用公用集体建筑屋顶进行集中式屋顶光伏电站建设，为特色产业园区的供电稳定性提供备用电源系统。

二是信息互通搭建多元融资平台。不论是村级光伏电站建设，还是集中式屋顶光伏电站建设，投资回收周期都较长，需要开拓多元融资渠道才能够解决资金难题。因此，洞头供电公司通过展开利益相关方对话，共同协商利用财政资金、银行贷款等相关政策进行多元融资对话。

光伏电站建设运营分工模式

利益相关方	规划阶段	融资阶段	建设阶段	初期运营阶段	移交后运营阶段
村委会／股份合作社	·建设项目方案整体设计	·拨付部分村集体资金	·协调具体事务 ·沟通协调利益相关方	·协调具体事务 ·寻找社会电工参与运维	·统筹开展光伏电站运营管理
洞头供电公司	·推动利益相关方沟通对话 ·参与集体光伏电站建设方案设计	·推动利益相关方沟通协同	·提供光伏电站装机服务	·协助寻找社会电工参与运维	—
中国银行洞头支行	—	·提供优惠利率贷款	·跟踪建设过程的贷款使用	—	—
光伏设备提供商	·询价报价 ·参与设计规划	—	·提供优惠的设备采购价格	—	—
昌海电力公司	—	—	—	·微利模式提供运维服务 ·培训社会电工运维技能	—
社会电工	—	—	—	·参与运维技能培训	·兼职提供电站运维
洞头区农村农业局	·集体光伏电站建设专项项目审批	·提供专项财政资金补贴	—	—	—
洞头区规划局	·集体光伏电站建设用地规划与审批	—	—	—	—

口筐村村级 光伏电站财务测算（已投产）			鲳鱼礁村村级 光伏电站财务测算（待投产）			蟹公寓、紫菜园集中式屋顶 光伏电站财务测算（项目前期）		
内容	单位	数值	内容	单位	数值	内容	单位	数值
装机容量	千瓦	250	装机容量	千瓦	400	装机容量	千瓦	120
年平均发电量	万千瓦时	26.16	年平均发电量	万千瓦时	42.2	年平均发电量	万千瓦时	11.57
总投资	万元	160	总投资	万元	240	总投资	万元	42.37
动态投资回收期（所得税后）	年	8.8	动态投资回收期（所得税后）	年	8.2	动态投资回收期（所得税后）	年	6.7

不同类型光伏电站投资收益测算

政银企共赢：
破解光伏电站建设资金难题

一是供电公司协同产业链相关企业，摊薄集体光伏电站建设成本。在设备采购成本方面，洞头供电公司与昌海电力公司紧密协作，寻找能够提供优惠价格的光伏设备厂商提供光伏电站相关设备，由村集体以微利价格采购光伏设备，明显减轻了村级光伏电站采购成本。在建设安装成本方面，洞头供电公司发挥专业优势作用，由"电力海霞"党员服务队通过志愿服务的方式提供安装服务与调试。建设安装过程中，"电力海霞"党员服务队共派出队员12名，利用45天时间分批完成了鹿西岛口筐村250千瓦村级光伏电站设备安装，节约人工安装成本约5万元。

二是通过利用财政专项资金政策和银行优惠贷款政策，多元资金融合解决了村光伏电站建设融资难题。一方面，洞头农村农业局有针对海岛农村地区开展乡村振兴、专项扶贫资金的专项财政资金政策，可为鹿西岛两个村级集中光伏电站建设提供部分财政资金，分别为口筐村提供财政专项资金121.8万元，覆盖投资建设成本的76.1%，为昌鱼礁村集体光伏建设提供财政专项资金195万元，覆盖其投资建设成本的81.3%。另外，通过申请洞头区农村农业局针对海岛特色产业发展的专项扶持政策资金，计划为霓屿岛的蟹公寓和紫菜园等特色产业园区提供基础设施优化的专项财政补贴22.37万元，覆盖其投资成本的52.8%。

另一方面，中国银行洞头支行目前在助推共同富裕过程中推出了中长期"光伏贷"项目，可以1.75%的优惠利率提供光伏电站建设资金，基本可以覆盖村级光伏电站建设投资。"财政专项+银行光伏贷"从资金投入方面为试点村开展光伏电站建设破解了资金难题，分别为口筐村提供光伏贷38.07万元，覆盖其投资建设成本的23.75%；为昌鱼礁村提供光伏贷45万元，覆盖其投资建设成本的18.75%；计划为蟹公寓和紫菜园提供光伏贷20万元，覆盖其投资建设成本的47.2%。

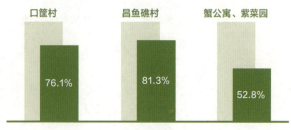

财政专项资金占其投资建设成本覆盖率

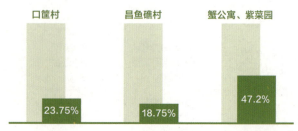

"光伏贷"占其投资建设成本覆盖率

村电社互补：
搭建集体光伏电站运维生态

集体光伏电站建成进入运营期后，运维成本作为光伏电站运营期最主要的成本支出，对年发电收入的影响较大，直接关系到光伏电站投资回收期的长短及盈利率。因此，洞头供电公司继续发挥利益相关方优势，通过联合昌海电力公司、社会电工，分阶段搭建成本最小化的光伏电站运维模式。

在运营初期（建成2年内），光伏电站运维由昌海电力公司为主体，以微利模式进行运维服务；与此同时，为了实现产权主体（村集体）的自主运营，洞头供电公司与村集体协同联络本地社会电工，由昌海电力公司通过专题培训班的方式对社会电工进行培训，使其掌握光伏电站运维服务技能。项目执行期间，洞头供电公司与试点村共召集社会电工10名，针对光伏设备运维开展现场培训4场。

在运营中长期（建成2年后），计划由昌海电力公司退出运维，由村集体协同本地社会电工自主开展运维服务，供电公司及昌海电力公司进行志愿辅助。

经计算，短期内由昌海电力公司提供微利运维，口筐村250千瓦村级光伏电站的年度运维费用约为2万元/年，昌鱼礁村400千瓦光伏电站年度运维费用约为3.2万元/年,120千瓦的蟹公寓、紫菜园屋顶光伏电站年度运维费用为0.96万元/年；长期由社会电工以兼职模式开展运维，年运维费用约为1万元、1.8万元和0.6万元，分别节约运维费用50%、43.75%和37.5%。

■ 年度运维费用
■ 节约运维费用

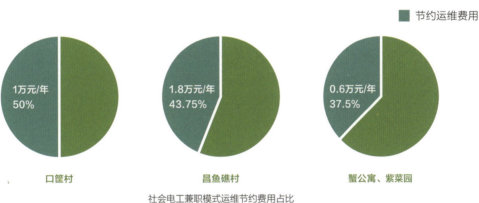

1万元/年
50%

1.8万元/年
43.75%

0.6万元/年
37.5%

口筐村　　　　　　　　昌鱼礁村　　　　　　　蟹公寓、紫菜园

社会电工兼职模式运维节约费用占比

社会资源共享：
探索新旧备用电源协同模式

由于集体光伏建设与投产具有周期性，因此洞头供电公司还探索了对本地私人发电机的集约化共享应用，作为集体光伏备用电源运营投产之前的替代与补充，建立互补的备用电源系统。因此，洞头供电公司选择了集体光伏建设进度较慢的昌鱼礁村作为试点，由洞头供电公司鹿西供电所牵头，在鹿西岛试点进行了私人发电机应急情景下的共享共用模式探索。

一是供电公司发动鹿西供电所与昌鱼礁村村委合作，开展本地自备发电机的摸底、走访，通过汇集信息录入并建立备用发电机数据信息表，对自备发电机信息进行收集与上网登记。

二是通过互联网平台进行自备发电机分布地图的发布，协同本地村委会，开展断电事故后的发电机共享实践，由发电机所有者根据租借情况收取一定的收益。

光伏建设方案沟通

主备电源共济：
数字技术助力主网韧性优化

海岛备用电源发挥作用的关键还在于其供电"离网"状态下储能的有效释放，洞头供电公司通过在大瞿、南策两个离岛建成"基于云边协同的高可靠性离散型微电网集群"项目，保障了孤岛供电自愈，实现台风等恶劣天气下边远海岛"断网不断电"。

鹿西岛居民备用发电机信息录入

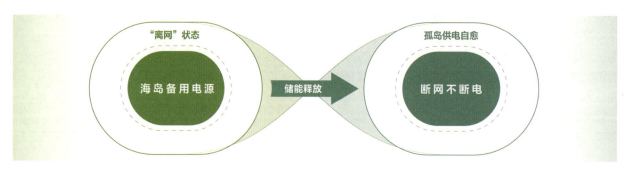

"基于云边协同的高可靠性离散型微电网集群"项目示意

项目成效

洞头供电公司以建设集体光伏电站为主、私人发电机共享为辅的海岛备用电源系统为目标，以鹿西岛口筐村为试点，通过搭建"政府、村镇、银行、供电公司、相关企业"等五类利益相关方为核心的海岛光伏备用电源建设资源协调平台，从集体光伏建设"规划—融资—建设—运营"的全生命周期出发展开利益相关方协作设计，在探索可持续海岛主备电源系统方面做出了模式探索，项目成效总结如下。

试点地区集体光伏为主的海岛备用电源作用显著

根植项目执行期间，协同多个利益相关方在鹿西岛2个村集体分别建设村级光伏电站、公用屋顶光伏电站。其中，口筐村250千瓦光伏电站首年发电量26.16万千瓦时，蟹公寓与紫菜园的120千瓦光伏电站预计首年发电利用小时数为1310小时，2022年度未曾出现因台风、

暴雨、雷电等极端天气导致的断电。由此可见，以集体光伏为主的海岛备用电源系统在海岛极端天气时有发生的极端环境下发挥了显著的备用电源作用。

与此同时，在主网稳定性优化建设方面，通过推进海岛微电网工程建设，在3个海岛实现了工程完工并投入试运行，预期最高能将供电可靠性提升至99.9971%。

主动服务家庭光伏用户

协同多方实现绿色价值持续创造

洞头供电公司通过推动多个利益相关方共同建设集体光伏电站并实现了规模清洁能源发电与消纳，间接创造了绿色环保价值。根据统计，口筐村、昌鱼礁村以及下社村的蟹公寓与紫菜园特色产业园对集体光伏电站发电消纳率均达到95%以上，按照自用电平均电价与上网电价差价为0.37元/千瓦时进行计算（自用平均电价0.78元/千瓦时-上网电价0.41元/千瓦时），用电成本远低于居民电价。因此，通过自发自用，试点村居民及特色产业营业户既实现了用电成本的下降，也实现了对清洁能源的利用，真正实现了"经济、环保型备用电源"的建设。

可持续商业模式带动共富潜力初显

试点地区首年实现了光伏电站发电年收入覆盖运营成本后的正盈余，实践验证了"政府、村镇、银行、供电公司、相关企业"多方协作、"规划-融资-建设-运营"全生命周期参与的海岛备用电源建设运营模式的优越性，展示了未来带动海岛村集体实现共富的潜力。

一是带动村级集体共富潜力明显。口筐村250千瓦光伏电站首年发电量26.16万千瓦时，首年发电创造的实际经济价值为18万元，覆盖首年运维成本2万元以后，实现净利润16万元；昌鱼礁村400千瓦光伏电站首年发电量42.2万千瓦时，预计首年发电创造的实际经济价值为29万元左右，覆盖首年运维成本3.2万元以后，实现净利润25.8万元。

二是带动特色产业园营商环境优化。蟹公寓与紫菜园的120千瓦光伏电站预计首年发电利用小时数为1310小时，可实现95%自用消纳，按照0.41元上网电价、0.78元自用电平均电价进行计算，首年发电收入为9.14万元，覆盖首年运维成本0.96万元后，实现净利润8.18万元；在产生上网收益的同时，因有效避免了极端天气导致的突发停电事故的影响，可为商户间接创造经济价值。

国家电网品牌形象显著提升

洞头供电公司立足主业价值创造而又寻求超越，通过建设互补共济的海岛备用电源系统建设，在探索海岛供电可靠性提升方面实现了社会、环境等多元综合价值创造，相关实践模式得到了媒体的充分关注，社会影响力初步培育。

项目执行期间，新华社、新华网、人民日报App、学习强国等主流媒体多次对海岛光伏备用电源系统建设进行报道，国家电网品牌形象进一步提升。

洞头供电公司社会责任根植项目相关报道

电连水陆破难题
船行之处皆是家

社会责任根植还一方绿水，护大美青山

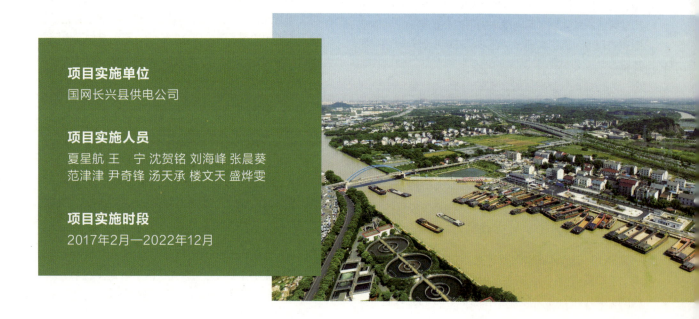

项目实施单位
国网长兴县供电公司

项目实施人员
夏星航 王　宁 沈贺铭 刘海峰 张晨葵
范津津 尹奇锋 汤天承 楼文天 盛烨雯

项目实施时段
2017年2月—2022年12月

项目背景

湖州是我国内河水运发达地区和28个内河主要港口城市之一，境内航道密布，港口岸线资源丰富，传统水路运输发达，曾被国家交通部批复为全国首个也是唯一一个创建内河水运转型发展示范区的地级市。

尽管岸电的社会和环境价值有目共睹，得到政府与学界的大力提倡，但受限于岸电一次性投资大，投资回收期长，部分船民仍依赖柴油发电机并对岸电使用效果，电价，充电效率存疑等各方因素，岸电在实际拓展推广中仍面临重重困境。主要表现在以下六个方面：

一是市场化参与的积极性不高，投资回报率低。收回建设成本需要20年，且在政府层面缺乏政策优惠和财政补贴的情况下，建设投资方多为港口，社会资本大多处于

观望状态，让岸电建设普遍缺乏市场原动力。

二是岸电设施覆盖率低且船民使用缺乏合理引导，导致部分船民仍依赖柴油发电机供应船上生活用电，能耗高、噪声、污染严重，与民众对美好舒适生活的向往及绿色生态发展方向相悖。

三是已建成的岸电设施简陋、实际使用效率低下，严重浪费资源，同时岸电设施长期暴露于自然露天环境，维护不当易造成设备损坏影响使用体验。

四是岸电建设缺乏统一的技术标准、建设规范、收费标准和管理流程，从而影响岸电的使用效率和用户体验等。

五是相关方缺乏共识，港口码头、航运部门、船主船民、电网公司、岸电设备方等众多利益相关方在岸电电价、运营权责、投资组成等方面难以达成共识，在高成本低回报的大背景下，相关方各自诉求不一，难以达成共识形成合力。岸电使用的绿色生态价值仅局限于岸上充电一个环节，无法向其他运输环节领域延伸，示范效应有限。

六是长兴县煤山、小浦地区共有4家水泥熟料生产企业，其产品在运输过程中过分依赖传统燃油车辆运输，带来环境污染、道路损毁、交通事故频发等诸多问题。一方面，公路运输易造成汽车尾气、扬尘污染，港口码头的燃油船舶带来水污染和噪声污染；另一方面，传统运输方式加大了市政管理压力，车辆集中运输导致公路损毁严重，交通事故发生率居高不下。

一抹"新绿"向两岸，船行之处皆是家。在国网浙江省电力有限公司、国网湖州供电公司的指导下，国网长兴县供电公司集各方所长形成合力，着力解决上述问题，在水上服务区岸电建设、运营、管理等方面取得重大突破，全国首发岸电"云地图"，让充电桩位置、剩余泊位等信息一目了然；推动政府出台首个岸电运营补贴政策、统一标准和平台、促成国家电网公司提出以京杭运河、东南沿海以及长江内河为主体的"两纵一横"港口岸电发展战略。同时，将岸电建设的绿色示范效应及综合价值由"岸上"延伸至"陆上"，率先打造"全电物流"绿色运输方式转型的电能替代典型成果，打造水泥熟料产业水陆联运全环节清洁运输链，形成岸电带动周边产业经济绿色低碳转型示范案例，为京杭大运河沿岸产业绿色迭变提供了一把熠熠生辉的"金钥匙"。

思路创新

面对京杭运河岸电全覆盖推广过程中面临的重重困境，在国网浙江省电力有限公司、国网湖州供电公司的指导下，国网长兴县供电公司根植社会责任理念与方法，创新工作思路，优化改进关于岸电建设的决策理念、执行方式和合作模式，探寻出一条可持续的、综合价值最优的岸电建设推广路径。

根植综合价值，优化岸电决策理念

如果从当前的投资回报率上看，岸电不是一个好的投资项目。但是，岸电的使用，不仅能大大降低燃油机发电带来的空气污染和噪声污染，也能提升船民以及港口周边居民的生活舒适度，具有极高的环境价值和社会价值。国网长兴县供电公司改变传统的商业决策思维，植入综合价值理念，将岸电对于环境和社会的价值纳入岸电投资的价值衡量标尺中，建立基于"责

任投资"的投资回报率新概念。这一新的投资回报率不仅成为公司决策的重要依据，也是公司推动其他利益相关方参与岸电建设的重要沟通工具，促成各方在理念上认定参与岸电建设的重要性和必要性。

根植资源整合，优化岸电合作模式

岸电建设不是电网企业或港口码头某一方的责任，而是涉及岸电的场地提供方、岸电设备提供方和运营方以及岸电的供电方等诸多利益相关方。为了最大程度降低岸电建设的综合成本，国网长兴县供电公司根植社会资源整合的理念，改变以往各自为政的局面，整合起电网公司、港航管理部门、浙电节能公司等利益相关方的资源和优势，构建岸电建设的长效合作机制，相互协作，互利共赢，共同携手加快岸电建设步伐。

根植前后对比

根植可持续性，优化岸电发展环境

单个港口或地区的岸电建成只是一个开端，要实现京杭运河的岸电全覆盖，必须要让岸电本身具有可持续性。也就是要具备良好的外部环境，确保岸电能够在建成后持续得到运行和维护。国网浙江省电力有限公司坚持可

持续性理念，发挥电网企业主动性，积极与地方政府、国家能源局、交通运输部沟通，争取各级政府对岸电的政策支持与财政补贴，提升京杭运河岸电建设的战略地位，不断优化岸电的发展环境，为京杭运河岸电全覆盖培育良性生态圈。

主要做法

国网长兴县供电公司集各方所长形成合力，在岸电建设、运营、管理等方面取得重大突破，统一标准和平台，以规模化提升岸电的商业及履责综合价值，及时总结形成可向全国复制、可推广的经验做法。同时在长兴开展试点，率先打造"全电物流"绿色运输方式转型的电能替代典型成果，以电为媒连接水陆，通过"水陆联运"模式解决长兴水泥熟料生产片区交通运输的历史遗留问题，将岸电建设的绿色示范效应及综合价值由"岸上"延伸至"陆上"，最终实现岸电的经济、高效、绿色及可持续发展。

船户在电力服务人员的指导下刷卡充电

理顺属地协调合作机制，实现全市水上服务区岸电全覆盖

全面构建"政企联动"的属地岸电工作机制，推行"岸电建设政府主导"及"政策处理港口包干"等模式，使项目管理属地化协调机制得以发挥其强大动力，于2017年建成湖州城东水上服务区等5个水上服务区岸电工程，实现全市水上服务区岸电设施全覆盖。

明确岸电发展战略，达成顶层合作机制

促成国家电网公司提出以京杭运河、东南沿海以及长江内河为主体的"两纵一横"港口岸电发展战略，明确岸电发展目标。2017年9月25日，由交通运输部、国家能源局、国家电网公司联合主办的"靠港船舶使用岸电现场推进会暨京杭运河岸电全覆盖启动大会"在湖州举行，主办方联合签署《靠港船舶使用岸电战略合作框架协议》，重点在规划衔接、标准规范、运营机制、配套政策、优化服务、试点示范等方面开展合作，达成岸电顶层合作机制，面向全国推广湖州岸电建设经验。

组建岸电推广大小联盟，实现京杭大运河沿线岸电全覆盖

在京杭大运河湖州段岸电全覆盖的基础上，促成建立由国网浙江省电力有限公司、浙江省各级政府、港航局、浙电节能公司四方组成的京杭运河浙江省内岸电推广小联盟，明确各方职责聚推广合力。与国网江苏、山东、北京、天津电力等省市公司进行京杭运河水系沿线绿色岸电工作对接，联合上下游单位，构建京杭运河岸电推广合作机制，2017年8月16日，五个

"靠港船舶使用岸电现场推进会暨京杭运河岸电全覆盖启动大会"在湖州举行

省市公司与南瑞集团六方签署成立京杭运河沿线岸电推广大联盟，实现京杭大运河沿线岸电全覆盖。

发挥社会企业资本优势，实现企业方重要物流码头全覆盖

为岸电设备制造商、港口企业搭建协作平台，电网公司负责岸电系统投资建设，港口企业负责收取岸电服务费。实现湖州地区由企业投资建设内河重要码头全覆盖，其中包括安吉上港集装箱码头、德清港码头、长兴南方物流码头，共计建成岸电桩285台。

以电为媒连接水陆两端，"全电物流"延伸示范效应

国网长兴县供电公司积极践行"两山"理念，在建成长兴南方物流码头岸电服务区的基础上继续延伸，联合各方建成全球最长的25千米跨省水泥熟料电力输送带，推动安徽广德、浙江长兴各生产区的水泥熟料彻底告别原本的重型车辆公路外运方式，转变为通过全封闭纯电动输送带运到中转仓储区，再到物流码头并经水路外运的"水陆联运"新模式，成为全国首个实现"全电运输、全电仓储、全电装卸、全电泊船"的电能替代项目。推动岸电绿色示范效应由"岸上"延伸至"陆上"，推动环境保护与经济社会及企业发展相辅相成。也反过来为同样注重"以电代油"的港口岸电建设继续争取到政府、投资方、民众的更多支持，营造良好的内外部舆论环境。

推动政府出台首个岸电运营补贴政策

湖州市财政局对终端接电船户补贴50%，对岸电运营商补贴20%，湖州岸电价格降至全国最低，为大工业不分时电价的一半，2021年接电量预计同比增长230%以上，预计补贴资金375万元。

俯瞰"全电物流"内河水运码头

项目成效

彰显效益之美

促进岸电运营提质增效，已在增加供电公司售电收入、节省岸电系统运维成本、降低船舶用能成本等方面累计产生经济效益4734万元。船民通过燃料费与岸电服务费之间的差价，每条船每年可减少投入成本近万元。

港口码头获得岸电服务费的利润，增加了港口码头的收入。节能公司等社会资本参与到岸电替代中，为自身发展占据了先机。

彰显生活之美

通过岸电新技术推广应用及补贴政策引导，促进船舶生活设施电气化，空调、冰箱等生活电器配置率同比增长40%以上，使用率同比增长170%以上，提升船民居住品质，让船民在外水上生活有家的归属感。同时，船民通过燃料费与岸电服务费之间的差价，减少了运营成本。

彰显生态之美

基本消除了船舶靠泊期间有害气体的排放和噪声污染，实现"零排放、零油耗、零噪声"，有效改善了水上服务区及周边城区环境质量。在社会方面，岸电的推广实现了价值链各方的互利共赢，为长江、沿海等其他各流域岸电推广发挥了示范引领作用。

促进参与方和合共赢

政府通过产业升级，淘汰了小、散落后码头，提升港口配套服务品质与资源利用率。港口码头获得岸电服务费的利润，增加了港口码头的收入；节能公司等社会资本参与到岸电替代中，为自身发展占据了先机。

推动新型电力系统建设

通过本项目技术和装备的应用，提升了港口岸电建设运营标准化、智能化、互联化水平；通过"以电代油"的水运交通领域电能替代，提升电能在终端消费侧占比及清洁能源消纳能力；通过船舶动力电池系统为储能资源参与电网调峰调频，提高电网需求侧响应及源网荷储充友好互动能力，助推交通水运领域提前实现"碳达峰、碳中和"。

解决熟料运输历史问题

"水陆联运"模式根除了水泥熟料传统运输带来的空气、水质、噪声污染等顽疾。当地公路每天可减少3000辆汽车的通行量，每年可节约燃油2000余吨，减排一氧化碳161.15吨、碳氢化合物24.18吨、氮氧化物91.63吨、颗粒物11.45吨，相当于种植2026公顷的绿化林。此外，路段年均的公路基础设施维护、维修开支减少83万元，交通事故发生率降低约40%。

航拍湖州城东水上服务区

未来展望

国网长兴县供电公司大力推动绿色交通港口岸电建设，内河港口岸电全覆盖使江南水乡焕发新活力，助力船舶停泊期间"零排放、零油耗、零噪声"。

2022年9月23日，该公司促成浙江省全电航运数智运营平台建设启动会在长兴召开，计划打造国网岸电云网的省级特色应用。平台面向电力、港航、港口企业及航运企业提供岸电运营运维支撑，最终形成岸电桩的智能运维、智慧运营和全社会岸电数据的全景感知，有效提升运营质效，为港口岸电数字化转型提供数据新动能，将书写下港口岸电绿色发展的新篇章。

国网长兴县供电公司将继续秉承"人民电业为人民"的企业宗旨，不断丰富服务内容、创新服务方式、提高服务品质，用最优质的供电服务不断为美好生活注入新动能，切实增强群众获得感、幸福感、安全感。

利益相关方评价

供电公司积极构建"生态+电力"绿色发展模式，巩固"蓝天保卫战"成果，取得了众多阶段性成效，示范引领价值显著。

——湖州市生态文明办公室

"全电物流"项目运行以来，小浦镇PM2.5环比下降了30.8%，整个长兴县PM2.5环比下降了19.2%，改善了我们环境空气质量，同时又避免了出现一些交通事故。

——湖州市生态环境局长兴分局

这个岸电桩非常好用，手机扫码就能充电，免去了带充电卡的麻烦。只要通过手机App注册一个账号，整个湖州地区的岸电都能用，特别方便。　从江苏、上海过来可以通过App看到湖州岸电设施分布、使用情况，可按需调整航线、到港时间。

——长兴太湖锚地避风港船户主

我们服务区一年的船舶停靠量在1.8万艘，经过测算，改用岸电接入后一年能减少碳排放近2000吨。

——长兴吕山水上服务区

现在已经看不到运水泥熟料大车的影子了，空气质量、交通状况和环境都有了极大改善，以前村子的绿水青山又回来了。

——长兴301省道煤山至小浦路段周边村民

电连"金镶玉"

破解城市发展与湿地保护的共生难题

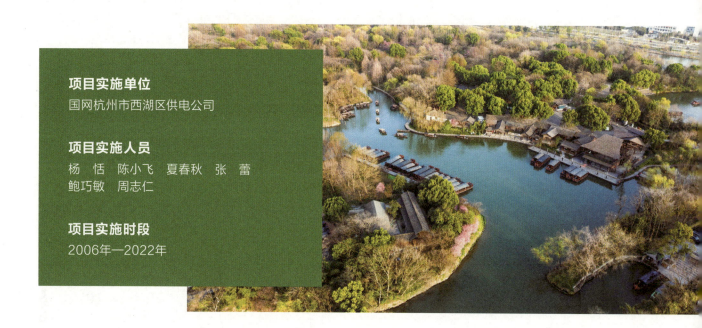

项目实施单位
国网杭州市西湖区供电公司

项目实施人员
杨 恬　陈小飞　夏春秋　张 蕾
鲍巧敏　周志仁

项目实施时段
2006年—2022年

项目背景

西溪湿地的过去和现状

西溪湿地作为世界上不可多得的城市中央次生湿地，有着生态资源丰富、自然景观优雅、文化积淀深厚等特征。1978年改革开放以来，随着生产力的不断发展和杭州城市化进程的持续推进，西溪湿地面临大规模开发，湿地生态也遭受大范围干扰。杭州市政府积极响应中央号召，提出"金镶玉"模式，《杭州西溪湿地国际城市综合体概念规划》提出要将西溪湿地视为"玉"，湿地周边区域视为"金"，通过"赋金于玉"实现"金玉成碧"。

随着杭州市经济发展，西溪湿地周边用电需求大幅提升，点亮"金镶玉"的"金"需要构建密集的电网以承载巨大的电力需求，保护"金镶玉"的"玉"需要尽可能弱化电网的痕迹和人为的扰动。

面对城市发展与湿地保护的共生难题，国网杭州供电公司从单纯的电力服务转向以"生态优先、最小干预"为目标，构建湿地"水下隐形"电网。将电网分布融入湿地建设规划，将电网设施融入环境保护规划，将电网建设与区域建设紧密相连，贡献全电化景区建设，建成了规模最大的城市湿地"水下"电网及影响最小的都市中心生态友好型电网。在保护生态环境的同时助力湿地综合价值提升，打造具有极强可复制性、可推广性的城市湿地与城市发展并行的西溪样板。

思路创新

▌调整思路，从结果导向往过程导向发展，"电力+"融入湿地保护全过程

作为中国第一个国家湿地公园，西溪湿地有其独特的生态系统，保护湿地的生态环境是一个复杂的、长期的、系统的工程。在规划、设计、施工、经营、管理各个过程中，都需要结合湿地特点进行提前筹划、专业定制。国网杭州供电公司将"电力+"融入西溪湿地保护发展的全过程，包括线路改造、电网升级、融入融合等，有力推动城市"绿肺"和城市建设协同发展。

▌手段升级，数智赋能，构建"聪明"、清洁的智能湿地电网

西溪湿地公园集生态研究保护和旅游商业于一体，用能需求巨大，原有用能方式对于湿度的生态安全威胁巨大，以电代油，智慧清洁用能是重中之重。国网杭州供电公司启动景区全电化改造，推进景区电气化升级，根据湿地特殊的运行环境，设计最优供电方案，采用先进技术，进行全智能改造，开展大数据分析，实现电网自愈，保证电网设备安全可靠运行，做到零故障停运，并开展能效管理、实现智能配电，构建低碳交通网络，让景区运营更低碳、更环保。

▌转换角度，整合资源，引导更多社会主体参与能源互联，湿地保护共建

国网杭州供电公司以生态环境可持续发展为目标，搭建探索电力大数据数字赋能排污检测、节能减排应用新场景。根植社会资源整合理念，着眼于全社会视角，推动企业内部资源与外部社会资源的相互耦合，引导更多市场主体参与能源互联，打造绿色智慧企业利益共同体，减少城市碳排放强度，让双碳目标和生态价值协同共进，探索可持续发展之路。

▌量化评估，通过项目开展情况的定性、定量和货币化评估，展示实践价值

国网杭州供电公司通过自然资本核算方法评估围绕西溪湿地的供电服务工作对自然资本的影响和依赖的性质及程度，并根据评估结果分析相关风险与机会，为公司在助力西溪湿地保护与发展中提供供电服务运营决策的提升提供参考。同时通过评估结果信息的披露，获得更广泛的利益相关方的认可和支持，提升品牌价值。

主要做法

▌问题剖析

国网杭州供电公司通过深入走访西溪湿地，征求西溪湿地管理部门和湿地内部企业、商户用电需求，梳理总结西溪湿地在生态环境保护和电力服务中存在的问题，为高效有序地开展项目工作提供方向和思路。

利益相关方分析

利益相关方	利益相关方诉求	面临的问题
地方政府	· 推动湿地周边经济发展 · 打造旅游特色亮点 · 推动旅游业绿色发展	· 建设密集的电网，满足周边巨大的用能需求 · 平衡用电需求与景观美感，满足用电需求的同时保护西溪的美观
西溪湿地园区	· 做好湿地保护、管理、经营、研究工作	· 需要对原有电网进行改造，优化已有的电网线路 · 最小化电力施工影响，避免破坏环境
园区内动植物	· 良好的栖息环境	· 湿地景区内原有用能结构造成环境污染及噪声污染 · 路面架空线路对鸟类栖息环境造成干扰
供电企业	· 保障湿地景区供电可靠性 · 形成可复制、可推广的湿地保护案例	· 西溪湿地水体众多，电力施工、运维难度巨大 · 要结合生态肌理重新规划地埋线路，避免湿地自身的生态特征造成的短路 · 探索生态互通的新型电网模式，形成西溪经验，为全国的湿地保护提供样板工程

改善原有电力线路对西溪湿地生态环境造成的影响

湿地生态保护至关重要，亟需可复制推广的经验

破解城市湿地生态环境对电网规划选址提出的挑战

化解城市湿地生态压力与供电压力并存的运营难题

降低电力线路铺设对湿地生态造成的影响

"金镶玉"计划需要重点解决的五个问题

实施举措

自2006年以来实施西溪湿地综合保护的电力工程共计29项，涉及总金额达5715万余元，致力达成电网设施优先服务于湿地生态恢复和可持续发展，兼顾城市经济发展的双重目标。

西溪湿地电网结构图

规划并行——电网规划与区域规划同步推进

西溪湿地在成为国家级湿地前，是民居地、农耕地并存的江南小村。国网杭州公司秉持"让电等发展 不让发展等电"的原则，与西溪湿地同发展，共呼吸，主动将电网铺设工作前置化，围绕"不打扰"和"生态优先"的目标，致力电网设施优先服务于湿地生态恢复和可持续发展，最大化满足"金玉成碧"的电力需求，保障居民福祉，贡献区域发展。

在湿地内铺设"水下隐形"电网

建设避让——最小化电网建设痕迹

为满足中部湿地生态旅游休闲区用电，避免电线塔杆等电力设施对植物生长以及生物活动，特别是对鸟类飞行的干扰，国网杭州供电公司对西溪湿地原有电网进行改造升级。通过原有线路"上改下"，将原本架空线路全部改造为入地电缆，构建"隐形电网"，避免架空线路对鸟类的影响。新建线路"少干扰"，科学预测湿地供电容量，提前筹划，缩减新建规划的线路长度，减少陆地占用和土方施工。严格施工"避影响"，根据项目规划阶段的环评要求制订施工方案，严格管控噪声和水污染，避免环境影响。多方合作"护生态"，结合西溪湿地生态研究中心生态监测，关注供电服务的生态影响，研究环境友好的电网建设技术。形成系列研究成果，分享城市湿地建设经验，贡献国网智慧。

电力工作人员检查西溪湿地电动游船供电装置

运营优化——贡献全电化景区建设与区域发展

积极推进全电景区建设进度，完成湿地内酒店、柴油船、燃气游览车等电气化改造，有效降低游览车和游览船废弃物排放对空气及水体的污染，缓解对湿地生态环境的压力。同时编制《全电景区建设规范》和《全电景区建设指导手册》，通过大数据分析设计湿地生态最优供电方案，提高供电的针对性。优美的生态环境和完善的电力设施如筑巢引凤，吸引了诸多上市企业与顶级学府择水而居，产值规模达4500亿元，相当于冰岛GDP的3倍。

供电保障——建设最适应城市湿地的"水下电网"

湿地作为介于陆地生态系统与水生生态系统之间的独特、复杂的生态系统，其潮湿的环境易给电网设施带来侵蚀和干扰，导致电网故障率相对其他地区更高。国网杭州供电公司创新电网钻探布线办法，通过创新电网钻探布线办法，仅一期工程内就原址保留了2802棵老柿树，降低环境干扰，并使得西溪当地民俗"火柿节"得以延续，并成为当地的文化符号。降低设备内水分含量，为电网设备增加加热装置、防潮装置等，将原有环网柜更换为防水防潮的新型环网柜，降低电网设施内空气的水分含量，避免设备故障。构筑先进"聪明"的智能电网，通过分布式光纤自动化，将智能电力全面融入线路改造、电网升级等工作，加强电网分支线的故障感知和隔离，实现秒级自愈。

量化总结——开展自然资本评估提炼西溪经验

国网杭州供电公司走在全国前列，联合杭州西溪湿地经营管理有限公司和杭州西溪国家湿地公园生态研究中心，通过自然资本核算方法识别电网工程对自然的实质性影响和依赖，量化隐形电网给企业和社会带来的综合效益，将核算研究和相关成果与利益相关方进行披露和沟通，帮助更多城市湿地更好地复制西溪做法，展示国家电网公司与自然和谐共生的理念与成果。

电力工作人员在西溪湿地开展电力服务

自然资本成本效益核算汇总

成本 / 效益归属	影响 / 依赖	指标	货币化（万元）
企业成本效益			
企业成本	绿色运营	能源管理、设备运维和电能替代研发投入	−45
	电力线路和设施安全	电路巡护、维修和电力设备更新改造投入	−1080
	电气化改造	电气化改造投入	−260
企业效益	电能替代业务收益	电能替代业务量增长	+1931.04
合计			+546.04
社会成本效益			
社会成本	土地资源利用	土地成本	—
社会效益	供电稳定性提高收益	避免的停电损失	+7.21
	绿色运营	电能替代	+48.44
合计			+55.65

注：表中"—"表示此项无法估值；"+"表示增加效益；"−"表示增加成本。

项目成效

自2006年承接有关西溪湿地综合保护工程以来，国网杭州供电公司通过探索绿色、低碳、环保的城市湿地发展模式，构建城市湿地新生态，实现经济成效、社会成效、环境成效"三赢"格局，在西溪湿地打造出一套城市湿地的示范样板。

经济成效

经过全电化改善和电网优化，西溪湿地2022年电力销售收入相比2016年增加约1931.04万元，国网杭州供电公司也在与湿地保护区和谐共生的电网服务中，达成了提升电网运营效益的目的。此外，凭借在西溪湿地的供电服务和生物多样性保护实践，国网杭州供电公司吸引了媒体的广泛关注，塑造了国家电网公司呵护西溪湿地、助力绿色发展的责任央企形象，赢得了社会各界的广泛信任和认同，有力彰显了国家电网公司的品牌价值。

社会成效

通过电网优化布局和"上改下"，打造全电交通景区等，湿地环境进一步改善，西溪湿地公园成为杭州游客的又一个聚集地。诸多高校、企业落户周边，在丰富的自然资本基础上社会资本、人力资本、智力资本集聚度大幅提升。此外，通过加强供电保障，相较2006年，2022年因湿地特殊地理特征导致的供电线路跳闸故障下降10次，避免电量损失约为15508.45千瓦，极大降低了社会的停电损失。

环境成效

通过节能宣贯及全景区电气化改造，2006—2020 年规定运营时间内减少温室气体排放约12109.96吨，电力在终端能源中的占比从2018年的30%一跃上升至近90%。助力西溪湿地生态环境和环境空气质量大幅提升，水体从2005年开园之前的劣V类提升到了总体Ⅲ类，核心区域保持在Ⅱ类，负氧离子常年保持在每日1400个/立方厘米以上，2022年西溪湿地全年环境空气质量优良率为90%以上，PM2.5年平均限值为28微克/立方米，综合空气质量位列杭州主城区第一。

西溪湿地目前现状

利益相关方评价

国网杭州市西湖区供电公司讲大局，有担当，在优化营商环境中表现突出。

——杭州西湖区政府批示

感谢国网杭州供电公司，让西溪湿地有了更干净的空气、更清洁的水体、更自然原生态的环境，为湿地内的生态保护作出了巨大贡献。

——西溪湿地生态文化研究中心

国网杭州供电公司一直以来非常重视西溪湿地公园的建设、保护、发展，并为园内各家单位和商户提供竭诚、优质的服务，提高了电能质量，降低了经营成本。

——西溪湿地经营管理公司

国网杭州供电公司也凭借在西溪湿地的供电服务和"电力+实践"吸引了媒体的广泛关注，新华社、人民日报等主流媒体正面报道了杭州西溪湿地改造的相关新闻，

塑造了国家电网公司呵护西溪湿地、助力绿色发展的责任央企形象，赢得了社会各界的广泛信任和认同，有力彰显了"国家电网"的品牌价值。

新华社对西溪湿地全电景区改造的报道

工作启示及下步计划

电网行业与生态保护的关系相当密切，如何在确保电网正常运行、保障民生生活正常运转的同时，兼顾生态环境影响，尽量减少对电网设施所在自然环境的负面扰动，越来越成为电网企业参与生物多样性管理、履行社会责任的实质性议题之一。针对西溪湿地保护区的供电服务，产生的社会效益大于企业成本，是国家电网积极维护生态平衡和生物多样性的典型实践。

自然资本核算是推动电力企业开展生态保护实践的重要助力

自然资本核算聚焦企业业务对环境和社会的影响和依赖，将目标受众的诉求纳入实质性议题筛选考量，是对传统的企业风险管理的一种有益补充，有助于企业从更广泛的利益相关方角度梳理未来可能面临的风险和机遇，通过实质性议题及货币化指标为企业管理者的经营决策提供重要参考。电力企业已经开展了一些自然资本核算方面的尝试，走在了全国前列。未来，还需要加强与科研机构、专业协会的常态化合作，充分做好生态保护的样方调查和科学评估监测，为自然资本核算奠定良好的数据基础，更好地指导管理经营决策。生态保护不是一蹴而就的，是需要经过几代人、几十代人甚至上百代人的不懈努力的。保护是一

种态度，是一种过程，也是一种手段，在保护的基础上进行合理的使用，这也是人与自然和谐发展的必然要求。

不断探索生态友好型电网建设模式是电力企业未来的努力方向

西溪湿地电网建设相关实践为重新认识和塑造电网建设与生态保护的关系提供了新的范例。电网建设和生态保护并非"零和博弈"，二者是能够实现相辅相成、协调发展的，关键在于能否将生态友好理念融入企业的日常经营管理活动中。伴随着中国经济发展越来越追求高质量，越来越强调绿色发展，生态友好型电网建设也就越来越符合时代发展的潮流，越来越成为未来电网建设的目标方向。西溪湿地的成功实践展示了重塑企业运营与生态和谐关系的可能性，未来国网杭州供电公司也将进一步探索如何提升电网建设的生物多样性保护能力，催生更多生态友好的电力领域新技术、新标准、新流程，有效降低对生态环境的影响，真正把生物多样性保护转化为电网科学健康发展的内在需求，形成生态友好型电网建设的示范，实现生态效益、社会效益、经济效益的协调发展。

电力铠甲守护"百山"之脉

"绿电方舟"公益项目呵护丽水百山祖国家公园

项目实施单位
国网庆元县供电公司

项目实施人员
王荣根 张磊 彭捷波 潘晓薇 林芳芳
吴松宝 黄斌颖 叶荣 李中庆

项目实施时段
2022年1—12月

项目背景

在全球一百多个国家中，国家公园都意在通过适度有限的开放，保护更大范围的生态系统，而在中国，它刚刚萌芽，不得不面临如何破解人与自然共生的难题。党的二十大报告提出，推进以国家公园为主体的自然保护地体系建设，实施生物多样性保护大工程，提升生态系统多样性、稳定性、持续性。电网作为重要的能源基础设施，不仅是践行生态文明理念的重要载体，也是生物多样性保护的重要力量。

钱江源-百山祖国家公园作为全国唯一进入国家公园设立序列的非体制试点单位，森林覆盖率高达95.83%，是华东植物区系起源和演化的关键地区之一，是"植物大熊猫"百山祖冷杉（被世界自然保护联盟物种存续委员会列为全球最濒危的12种植物之一）全球唯一分布区、迄今为止亚洲最古老锆石发现地。国家公园独特的生态环境与长期在运的电力设施矛盾日益凸显。一方面，核

心区及培育基地供电可靠性不高，区域树线矛盾突出，线路易雷击存山火隐患；另一方面，全球气候变迁对栖息地形成威胁，周边区域居民用能较为粗放，人为活动对水土保持等影响突出。百山祖冷杉栖息地及周边环境的任何变化都可能产生"蝴蝶效应"，保护抢救工作刻不容缓。

针对上述问题，国网庆元县供电公司将生物多样性保护纳入电网全生命周期，以国家一级濒危保护植物——百山祖冷杉的主要栖息地为保护对象，落地实施国网"绿电方舟"公益项目，同时以电为媒联动利益相关方，从绿能协同发展、生态智慧融合、伙伴共享共建三大方面着力，以期提炼出普适于国家公园的电力守护珍稀物种实践模式，助力实现生态文明与现代工业文明的融合共生。

思路创新

转换角色：变坐等政府推动为主动调研和响应需求

运用社会责任分析工具，实地走访各利益相关方，利用社会视野，分析外部对供电公司在本项目上的普遍期望以及相关关系，并与利益相关方建立基于优势互补、互利共赢、合作分工、可持续发展的模式，推动建立以电为中心的百山祖国家公园能源体系，激活绿色能源综合价值，进而保护国家公园生物多样性。

问题及需求一览表

问题	诉求	现状
电能质量不高	发展要求电能质量	电网网架基础薄弱
用能方式粗放	转变用能方式	多用薪柴，辅以燃气
树线矛盾突出	平衡生态与廊道关系	线路跳闸次数多因树线矛盾
存在火灾隐患	加强防山火巡察	线路多雷击、人力资源有限
联动机制不健全	建立联动机制	多部门之间有联系但不紧密

转变思路：传统改造避开树线矛盾为差异化升级助推和谐共生

电力线路在建设和运行过程中不可避免地与自然界动植物生存生活发生已知或未知的相互影响。按照传统思路，如电力线路不能满足用电需求，会采取新建或改造线路的方式进行，特别是遇到末端电网、单线供电时，会新建电力线路，加大投资的同时叠加对自然的影响。本项目融入差异化理念，在原有线路的基础上，开拓"生态-电网整合地图"，摸清具体情况，通过"一线一策""一点一策"等进行改造，并总结出4种典型场景。

传统改造方式	差异化改造方式
新建线路	4种典型场景
投资大、破坏大	落雷影响区域 珍稀物种区域 碧水生态区域 美丽乡村区域

两种改造方式对比

多方协同：变供电公司单打独斗为多方合作共荣共益

电力供应不仅关乎百山祖国家公园内居民用户，更与科研、生产生活息息相关。提高供电可靠性不仅是供电公司的诉求，也是政府、居民等各利益相关方的共同诉求。在本行动中，供电公司联合百山祖国家公园庆元保护中心、百山祖镇政府、国家公园内社区居民及水电企业等利益相关方，共同组建"生物多样性保护朋友圈"，参与电力线路与自然关系处理、生物多样性保护以及国家公园生态产品价值转化。

组建生物多样性保护朋友圈

大山中的电网

主要做法

基础设施网强保供

早在20世纪80年代，核心区内百山祖镇至管理站10千伏线路采用架空线路且70%沿着公路设计，管理站至百山祖瞭望台线路采用地埋电缆，与通信线、国防光缆共同走线。子遗植物百山祖冷杉处供电也采用地埋电缆，有效保证百山祖冷杉监控及科研用电。

差异化电网建设

针对百山祖国家公园电网特点，按照"源端充分供给、灵活平衡""网端坚强承载、韧性可靠""荷端柔性可调、低碳高效""储端点位部署、重点保障"建设路径，实施"网架提升、设备改造、智能升级、负荷保供、精益运维、共建共享"六大提升工程，通过技术、管理双轮驱动，以能源至净，助力自然至和、生活至美，全力支撑百山祖国家公园建设和发展。

众防联盟网享共赢

精准识别利益相关方，建立地方政府，国家公园内企业，社区居民，个体经营户等多方联动的"电与自然"守护者联盟，深化"党建共建、品牌共创、生态共管、资源共享、信息互通、线路共巡、项目共谋、合作共赢"的工作机制，破解国家公园生态保护区电网建设与环境保护相互制约的难题。

利益相关方分析

利益相关方	诉求	困境	对项目态度
丽水国家公园创建办公室	· 创建百山祖国家公园 · 促进人与自然和谐共生 · 促进国家公园区域联动发展	· 制度不够完善 · 公园内保护措施不够完善 · 公园独特的自然、人文环境与文化保护、生态建设的矛盾	支持
地方政府	· 发展生态农业、生态旅游业、康养业等，带动一、二、三产业发展 · 通过创建国家公园，推动当地绿色经济转型升级 · 科学规划电力、通信等惠民工程的国土空间	· 产业发展带来用电量增加 · 绿色经济转型存在困难	支持
国家公园内社区居民	· 日常用电服务需求 · 农业发展用电需要 · 居民绿色消费转型需要	· 区域内老人众多，虽有亲情"2"号键，但仍诸多不便 · 居民生活环境需进一步美化 · 居民绿色生活方式转变困难	支持、担心
个体经营户（合作社）	· 以创建国家公园为契机，提升庆元800、庆元香菇等品牌知名度，改善经营情况，增加销售收入	· 随着规模提升，用电量增加，农村电网承载力受限	支持、担心
国家公园内企业（水电企业）	· 水电企业希望尽量不划入国家公园范围内，或划入公园后可继续经营，如果必须要退出，希望得到合理补偿	· 水电企业如何发展与自然环境更和谐	支持、担心
供电企业	· 清洁能源强县实景示范需要 · 满足用户"省心电、省钱电、绿色电"需要 · 满足国家公园发展需要	· 新建电网政策处理 · 已有电网如何升级满足用户需要 · 推动绿色消费转型	支持

与百山祖管理处开展护林员、巡线员互聘，形成交叉互检机制，通过人员配置、机制完善等实现系统性防范，联合开展线路维护、森林防火、野生动植物保护、打击非法进入核心区等各类专项保护行动，最大限度地减少了人为活动对该区域的影响。

在每年重点时段，组织开展多层次、全方位、常态化的生物多样性宣传，持续挖掘释放国家公益潜在的科考研学优势，配合编制百山祖国家公园系列丛书7本，把百山祖国家公园打造成为集科普、科研、科考与教学实训为一体的综合性基地。

供电巡线员与护林员互聘

邀请浙江大学开展"护线爱鸟"暑期社会实践

利益相关方专项行动分工

六大专项行动 利益相关方	核心保护区生态恢复行动	一般控制区产业发展行动	联动发展区协调发展行动	生态保护志愿服务行动	科普教育专项行动	国家公园品牌宣传行动
丽水国家公园创建办公室	制订、完善相关制度	做好产业规划	协调工作	参与制订规则	协调工作	协调工作
地方政府	制订相关政策	配套政策支持	入口社区及特色小镇规划、谋划特色项目	做好志愿服务组织策划工作	做好科普教育组织策划	组织协调宣传工作
国家公园内社区居民	不进入核心区活动	转变绿色生活方式	抓住机遇，增收致富	参与志愿服务	参与科普教育活动	提供素材、参与活动
个体经营户（合作社）	不进入核心区生产经营	紧抓机遇，绿色转型升级	紧抓机遇，绿色转型升级	参与志愿服务	参与科普教育活动	提供素材、参与活动
国家公园内企业（水电企业）	水电企业退出核心区	配合小水电生态改造以及堤坝近自然改造	参与相关活动	参与志愿服务	提供水电相关科普资料、参与活动	提供素材、参与活动
供电企业	减少核心区活动、配合水电企业退出等	配合水电企业完成改造、差异化开展生态电网改造、景网融合等	差异化开展生态电网改造、电杆下地、景网融合等	参与志愿服务	提供水电相关科普资料、参与活动	提供素材、参与活动

▌生态智慧网促发展

针对珍稀物种生存特征、水源以及电力杆塔所处地形等信息，提炼了四大典型区域场景，对症下药、精准施策。

在落雷影响区域

依靠雷电定位系统及雷击故障历史大数据，将线路雷击影响区域划分为"红区、黄区、蓝区、绿区"，针对"红区"采取高可靠性防雷措施；针对"黄区"采用高可靠性和普通防雷措施相结合；针对"蓝区""绿区"采用普通防雷措施，确保防雷改造投资用在"刀刃"上。针对树竹矛盾较严重、通道较差的10千伏配电网薄弱点开展差异化改造，通过每个点一到两基的铁塔改造，以点带面，用较小的投资，大幅改善树竹矛盾，提高山区电网供电可靠性的同时降低后期维护成本，最大程度减少线路廊道下珍稀植物的破坏。

易受雷击的区域场景

"绿电方舟"捐赠项目落地实景

在珍稀物种区域

落地国网"绿电方舟"公益项目，综合利用当地水、光、储等能源资源，捐赠建设生态零碳微电网，通过分布式清洁能源及储能系统的建设，在保证用电安全稳定、自发自用的前提下，为百山祖冷杉培育和林区生活、科研提供百分百清洁能源。创新微电网协同控制技术，构建微电网-大电网互备用体系，通过固定式储能、电动汽车"移动储能单元"以及光伏发电单元相互协同，实现能源供应智能无感切换，保障核心区全时段百分百绿能供应。

在碧水生态区域

配合国家公园内小水电企业，示范开展百山祖流域梯级水电站智慧调度策略研究，增加能量流动，对坝区进行了生态修复。同时重点围绕水电站智能化改造组建水电微网，通过组织保障、项目落地、体系运作三维发力，建成融合跨电压等级备自投、水电微网、跨区域联络"三位一体"的山区微网自愈体系，最终实现多元场景下供电可靠性质的提升。

"三位一体"微网自愈体系

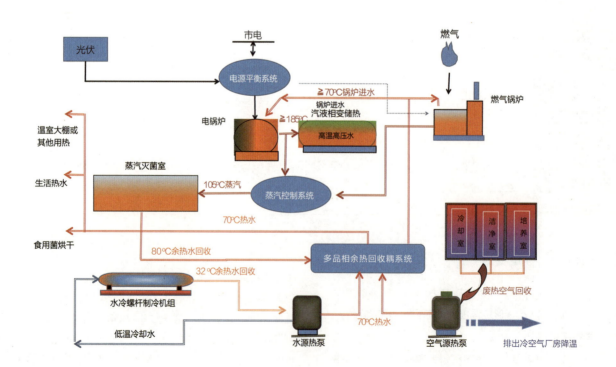

"新能源+新型储能+综合余热回收+智慧能源管控"一体化系统

百山祖流域梯级水电站智慧调度策略研究等水生态保护场景

在美丽乡村区域

基于国家公园内香菇文化、青瓷文化、宝剑文化、廊桥文化和畲族文化交相辉映的特点，发挥供电公司优势，开展电暖菇农、电助非遗等一系列综合能源示范项目，围绕《丽水市浙西南革命精神弘扬和红色资源价值转化规划》，为生态产业保驾护航，高山蔬菜、高山养殖、乡村旅游得到有效发展。

项目成效

助力珍稀濒危物种保护

项目的实施极大地提升属地科研站所用能保障水平和远程观测覆盖时空范围，极大缩短野生菌种质资源的研究周期，推动百山祖冷杉在原生母树保护、幼苗培育及珍稀菌种培育等方面取得突破性进展。

百山祖冷杉

▶ "植物活化石"野生植株全世界只有**3**株
▶ 生长在百山祖国家公园核心保护区

实现全域百分百绿能呵护

水、光、储、充等多种能源形式的协调融合，实现核心区供电可靠性达到100%、一般控制区供电可靠性达到99.99%以上及区域能源高效利用与有序控制，无电网供应电量损失，让绿色山水真正用上绿色能源。

百山祖冷杉野生植株

国网"绿电方舟"丽水百山祖国家公园示范工程

提升全民生态环保意识

通过多方联动宣传和产业变革，推动当地居民自觉改变生产生活方式，主动投入野生动植物保护中去。电力员工首次发现阳彩臂金龟、让行穿山甲等鲜活故事已成为国家电网公司员工保护生物多样性的标杆场景。

"电与自然"守护者联盟开展"智巡护"系统培训

电力员工在日常巡线途中发现金龟，经专家认定为
曾在1982年被宣布灭绝的阳彩臂金龟

助力零碳乡村振兴共富

本项目累计节省电网投资1500万元，累计减少林木砍伐4万立方米/年，减少碳排放3962.75吨、减少木柴消耗5400吨，增加村集体平均收入74.65万元，增加生态系统生产总值（GEP）收入26077.370余万元。

各方评价

生态环境的保护需要我们大家的共同努力，该行动促成了百山祖国家公园生物多样性保护联盟的建立，搭建了利益相关方共赢关系网络，为多方协力的百山祖国家公园生态长效保护机制的形成打下了良好的基础。

——钱江源—百山祖国家公园庆元保护中心

这个项目不仅让我们的用电更可靠，还让我们生态环境大大改善。

——丽水市庆元县百山祖镇

以前我们家家户户做饭都烧柴，现在有了电磁厨房，油烟少了，周围环境好了，也消除了火灾隐患，游客也越来越多了。

——丽水市庆元县百山祖镇斋郎村农家乐老板

通过宣传百山祖国家公园，宣传森林防火知识，让我对我的家乡有了更深入的了解，我们是如此热爱庆元，热爱这片绿色家园。

——百山祖国家公园志愿者

野生维管束植物
2102种

大型真菌
149种

苔藓植物
632种

陆生昆虫
2200种

陆生脊椎动物
416种

森林覆盖率高达
95.83%

珍稀物种
百山祖角蟾

珍稀物种
近蓝紫丝膜菌

可持续发展案例《电力铠甲守护百山之脉》获"金钥匙——面向SDG的中国行动"**冠军奖及最佳人气奖（公众支持）**

以守护江浙之巅为原型制作的短视频获2022年浙江党员教育电视片观摩交流活动典型事迹片**二等奖和"最佳策划"作品**

项目成效

生物多样性宣传H5界面

工作启示及下步计划

"万物各得其和以生，各得其养以成"。国网庆元县供电公司将秉承"山水林田湖草是生命共同体"的理念，发挥电力平台优势，联合基金会等群体，持续推动打造"绿电方舟"助力生物多样性保护与可持续发展的国家公园实践样本。

以生态保护为出发点，优化各个环节，虽然可能带来企业成本提高、施工复杂等问题，但长期综合来看，项目产生的社会效益远远大于企业付出的成本。同时，联动利益相关方让保护与社区影响相结合的方式，不仅保护了一时一地的野生动植物资源，同时影响了当地居民生物多样性保护理念，为当地居民践行生物多样性提供了经济支撑，从而实现百山祖地区长久成为百山祖冷杉等珍稀动植物的乐园。此外，除了百山祖冷杉，大鲵、猕猴等保护动物及鸳鸯等候鸟的保护工作也在逐步推进。

未来，国网庆元县供电公司将持续关注5G、大数据等新兴先进技术在电网运维的应用路径，联合多方力量合作开展科研攻关，互补发挥专业领域优势，协同推进

电力线路沿线自然环境维护和改善，绘就生态山区电网与自然环境和谐统一的美丽画卷。

百山祖菌菇

鸳鸯在百山祖国家公园景宁片区越冬

山区电网护金山丽水锦绣生态

"电网绿"倾力呵护自然之美

项目实施单位
国网遂昌县供电公司

项目实施人员
陈 铭　王舒层　程 超　雷 剑　张宏伟

项目实施时段
2023年1—10月

项目背景

遂昌县近90%的县域面积是山地，是国家重点生态功能区、国家生态文明建设示范县，不仅拥有千年金矿，更拥有中国东部经济发达地区少有的近自然生态系统，野生珍稀动植物众多。当地居民大多生活在山区，国网遂昌县供电公司站在人与自然和谐共生的高度谋划发展，以呵护生态环境为目标，根据"山区、山地、山水、山景"四种区域的不同生态特点，从改变电网源头设计、构建良好线树合作业态、建设运维合作联盟、打造生态应急响应平台等途径入手，打造电网与原始生态、自然景区和谐共处新关系，携手各利益相关方，构建出一条从生态治理到生态价值转化的生态文明建设实践示范带，实现遂昌全域"大景区""大花园"的绿色发展蓝图。

国网遂昌县供电公司　🤝　各利益相关方

构建出一条从生态治理到生态价值转化的生态文明建设实践示范带

实现遂昌全域"大景区""大花园"的绿色发展蓝图

构建生态文明建设实践示范带示意

思路创新

金山林海，仙县遂昌。遂昌县位于浙江省西南部，地处钱塘江、瓯江源头，是国家重点生态功能区、国家生态文明建设示范县。遂昌县境内山地约占88.83%，是一座隐匿于群山深处的山水之城，也是一座典型的中国山区县城。这里层峦叠嶂、翠竹绵延、野生动植物众多，分布着我国东部最完整、面积最大、最具代表性的原生植被类群以及多种特有的珍稀植物群落——九龙山国家级自然保护区的600公顷原生状态自然植被，在中国东部高密度人口及经济发达地区十分罕见，是浙江重要的生态屏障地区。

遂昌县人口约23万，其中城镇人口约9万人，占全县总人口的39.19%（2022年数据），大部分人口都分布在山区，因此建设好山区电网至关重要。在广袤森林和层峦叠嶂的近自然生态系统区域中架设和维护电网线路，让居民过上幸福生活的同时，还要要保护好珍稀野生动植物，做好水土保持，减少对环境的扰动，进而更好地呵护自然生态，是国网遂昌县供电公司面临的问题。

遂昌自然风光

主要做法

我国是世界上物种最丰富的国家之一，"十四五"规划和2035年远景目标纲要明确提出，"实施生物多样性保护重大工程，构筑生物多样性保护网络，加强国家重点保护和珍稀濒危野生动植物及其栖息地的保护修复"。国网遂昌县供电公司站在人与自然和谐共生的高度谋划发展，根据山地电网特点，以保护生态环境为目标，依据"山区、山地、山水、山景"四种区域不同特点，从改变电网源头设计、建设运维合作联盟、打造生态应急响应平台、构建良好线树合作业态4个途径入手，打造电网与原始生态和谐共处新关系，携手各利益

相关方，构建出一条从生态治理到生态价值转化的生态文明建设实践示范带。

▌ 高海拔"山区"，绘就万物和谐新画卷

遂昌县海拔最高为1724.2米（九龙山主峰），超过1500米的山峰计39座，超过1000米的计703座，海拔800米以上的山区是野生动植物的乐土。遂昌县西南部的九龙山国家级自然保护区，属野生动物类型自然保护区，主要保护对象为黑麂、黄腹角雉、黑熊、南方红豆杉、九龙山榧和伯乐树等珍稀濒危野生动植物种群及其栖息地，以及我国亚热带东部地区罕见的600公顷以上中山地带原生森林生态系统，是华东地区一个不可多得的天然物种基因库。

改变电网源头设计	建设运维合作联盟
打造电网与原始生态和谐共处新关系	
打造生态应急响应平台	构建良好线树合作业态

打造电网与原始生态和谐共处新关系路径

立塔架线，更多考虑野生动植物保护。 为了更好保护山区动植物，国网遂昌县供电公司在新建线路设计时，从源头上主动避让生态红线，避让自然保护区的核心区和缓冲区、重要林场以及野生动物集中活动区，采用差异化设计方案改造线路。电力钢管杆相比传统水泥电线杆，使用寿命更长、外形更加美观、安全系数也更高，在高海拔山区，国网遂昌县供电公司将水泥杆改为钢管杆。为了减少电网线路下的植被砍伐，除了采用高塔外，还会让架空线路尽量沿道路走向。在此立塔架线，国网遂昌县供电公司还会采取"零护坡、零挡墙"余土处理方式以及无人机"绿色架线"等方式。为了保护野生动物，国网遂昌县供电公司把裸导线改为绝缘线。九龙山保护区植被显示常绿阔叶林典型特征的同时，还存在着较为完整的垂直带谱系列，保护区植被中针叶林占34.9%、针阔混交林占20.2%。在建线路涉松等采伐林木时，国网遂昌县供电公司严格按照国家、省市有关规定要求，对新建线路统筹规划、完善方案与审批报备制度，严格涉松使用、施工操作流程规范的要求，按时完成采伐松树的清理工作。

保护鸟类，保障线路安全。 为有效保护鸟类、预防和减少鸟类活动对线路安全运行带来的威胁，国网遂昌县供电公司选择在直角杆、转角杆和临近树林且容易造成鸟类聚群的电力杆塔横担上，安装依靠自然风力驱动的风车棱镜式驱鸟器以及依靠太阳能供电从而持续发声的鸣叫式驱鸟器，在保护鸟类的同时，提升供电可靠性，保障线路安全稳定运行。

助力生物多样性保护宣传。 国网遂昌县供电公司积极参与九龙山自然科普团队，组织员工参与"世界森林日""5·22"国际生物多样性日、野生动物保护宣传月暨"爱鸟周"等活动，邀请专家授课、悬挂横幅、发放宣传单，不断增强全社会保护野生动植物的自觉性，提升社会各界对野生动植物保护工作的关注度，提高广大群众生态保护意识。

多部门联动共同推进林业有害生物检疫监管工作

建山区友好型电网示意

遂昌县山区山势巍峨，大部分线路跨山而过，国网遂昌县供电公司采用无人机+人工巡线的方式开展巡检，落实点对点的故障巡查，对线路隐性或潜在的缺陷隐患进行定点排查，对辖区开展边坡滑坡、塌方、杆塔异物等隐患排查，及时掌握特高压输电线路设备的运行状态。供电公司与生态林业发展中心和相关林业站合作，开展交叉线路巡查和无人机巡视，打造多重防护网。

共同推进林业有害生物检疫监管工作。 国网遂昌县供电公司与县自然资源和规划局、生态林业发展中心和乡镇林业站、县政府督查室，携手共同推进松材线虫病疫情防控工作，推动林业有害生物检疫监管工作顺利开展。

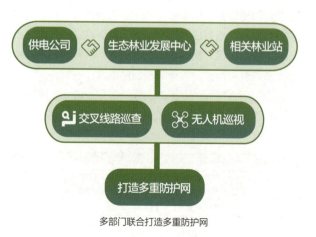

多部门联合打造多重防护网

电力工作人员开展无人机巡视

电力工作人员安装驱鸟器

▍低海拔"山地",合力解决树线矛盾

遂昌是浙江重点竹产区之一,全县有竹林面积35万亩,基本分布在海拔500米以下的低山地。许多村庄存在电力线路与树木、毛竹之间的矛盾,时常引发电力线路短路、断线等故障,特别是在冬季气温零下10摄氏度以下,树线矛盾引起的故障跳闸率高达89.9%。为降低风险,国网遂昌县供电公司对电力线路通道内的毛竹。采用了打顶扼制高度、保留和强健主干的方法,既消除了竹木对于电路安全的影响,又确保不损害农户的收入。

绿色电网带动了县城经济发展

"以电代柴"生产高山茶叶

总产量	总产值
1.75万吨	**16.05亿吨**

2022年遂昌县
农村居民人均可支配收入
增幅位列浙江省山区26县**首位**

经济效益

神山秀水出佳茗。遂昌是中国名茶之乡、中国茶文化之乡,85.6%的茶园分布在海拔400~800米的山地,拥有10.98万亩海拔400米以上的茶园,得天独厚的生态环境,成就了遂昌龙谷茶独特的高山云雾茶优异品质,也让遂昌成为中国高山名茶第一县。

大田村几乎家家户户都有茶园,过去炒茶烧柴火、砍伐树木毛竹,不仅浪费资源,对环境的污染也很大,火候控制不好,炒制的茶叶卖相也不好。"以电代柴"后,在国网遂昌县供电公司的保障下,大批专业炒茶制茶机器的使用,不仅提高了茶叶的品质,也大大增加了产量,大田村的生态底气更足了。2019年5月30日,大田村发布了全国首个村级GEP核算报告,通过评估,大田村2018年的生态系统生产总值达1.6亿元。

发放宣传单
邀请专家授课 } 增强全社会保护野生动植物的自觉性
悬挂横幅   提升社会各界对野生动植物保护工作的关注度

提高广大群众生态保护意识

我们的多重保护行动带来了多重价值

推进城乡用电同质化、均等化
供电可靠率达99.986%

友好型电网平均抢修时长
1.24小时,同比下降28%

大幅降低因线路故障引发森林火灾的概率
累计实现绿电百分百供应4370小时

多重保护带来多重价值

开展线路综合检修

优质"山水"，春云处处生

遂昌地处钱塘江、瓯江源头，县域水质优良，境内地热资源丰富，湖山温泉单井日出水量全省第一。

助力开展EOD模式试点。 遂昌县仙侠湖流域生态环境导向的开发（EOD）项目于2021年被列为国家生态环境部首批EOD项目试点。在这里，国网遂昌县供电公司协助政府开展水域生态治理，完成湖山金竹污水处理厂工程、环湖绿道工程、湖山乡未来乡村建设工程、仙侠湖流域农村生活污水处理设施提升改造等环境治理类项目，打造"山也清、水也清，人在山阴道上行，春云处处生"的动人美景。

协助遂昌县政府以生态环境导向开发的
生态环境部首批 EOD试点项目
获总投资**44.34亿元**

候鸟迁徙

黄金"山景"，构建"两山"转化新样板

遂昌的生态环境状况指数在2012年就上升到全省第1位，全县负氧离子每立方厘米含量达9100个，高出世界清新空气标准6倍以上，属于特别清新类型，适合旅游与养生。在"山景"地区，国网遂昌县供电公司不仅因地制宜协助打造全电景区，还进行了线路入地改造等，以"线杆融景、变台为景"为原则，让景色更加宜人。

保护矿山公园古树。 在遂昌金矿国家级矿山工业旅游景区，有古树群13个，百年以上树龄的古松177棵，其中包括濒危珍稀树种红豆杉20余棵。国网遂昌县供电公司对古树周边局部电线电路进行重新规划，避免电线穿越古树，对古树名木实施有效保护措施，以利于古树生存。此外，国网遂昌县供电公司号召操作微信小程序"浙里种树"，发动员工参加古树名木"认种认养"活动，将古树保护的相关知识宣传到基层、送到群众家门口，进一步提升公众爱绿护绿的意识。

古树群**13**个

百年以上树龄的古松**177**棵

濒危珍稀树种
红豆杉**20**余棵

遂昌县金矿国家级矿山工业旅游景区现有古树情况

项目成效

以"高坪模式"破解树线矛盾，确保供电线路安全

在高坪、三井等山地，存在超高树竹隐患，大部分树竹是由村民自行栽种，是其主要生活来源，不能随意砍伐，如何破解供电线路安全与农户利益冲突？国网遂昌县供电公司以高坪乡为试点，推出"政企联动"清障机制的"高坪模式"。"高坪模式"就是由当地乡政府、村委组织清障队伍，及时清理线路下方的毛竹、竹笋，

做好通道清理处置工作，同时供电公司负责对现场进行全程安全与质量监督，提供技术支持。该模式的应用一举三得：对于政府而言，不仅能够保障地方生产生活用电，也有效避免了恶劣天气下毛竹弯曲所造成的交通障碍，减少政府处理树线矛盾的工作量；对于农民来说，通过参与线路清障维护，可以获取相关的劳动报酬；对于供电公司，该模式的运用有效解决了树线矛盾，改善电力线路的运行环境，同时也提升了供电的可靠性。

高坪模式

- 当地乡政府、村委组织清障队伍，及时清理线路下方的毛竹、竹笋
- 供电公司负责对现场进行全程安全与质量监督，提供技术支持

 一举三得

 对于政府而言，不仅能够保障地方生产生活用电，也有效避免了恶劣天气下毛竹弯曲所造成的交通障碍，减少政府处理树线矛盾的工作量。

 对于农民来说，通过参与线路清障维护，可以获取相关的劳动报酬。

 对于供电公司，该模式的运用有效解决了树线矛盾，改善电力线路的运行环境，同时也提升了供电的可靠性。

以清洁电力助力物种保护

遂昌县清洁能源丰富，拥有农村水电站111座，总装机容量25.4万千瓦，累计并网光伏装机容量约10万千瓦。九龙山国家自然保护区在近年陆续建设了九龙山科教馆、科研科普温室大棚、珍稀植物园、罗汉源科普生态沟，国网遂昌县供电公司加强数字化牵引新型电力系统研究，在九龙山自然保护区核心地带深化5G、4G+量子、北斗、人工智能等技术应用，接入水电和光伏，建设山区自动化有源微网，打造生态应急响应平台，以智慧坚强电网供应清洁电力，助力开展生物多样性保护宣传。为防止物种灭绝，遂昌县开展珍稀濒危物种保护项目建设，国网遂昌县供电公司协助完成极小物种连香树、九龙山榧、伯乐树的野外救护与种苗繁育项目建设，有效保护生物多样性，维持生态环境平衡。

光伏发电风光

▋ 多方协同，建设运维合作联盟

国网遂昌县供电公司与遂昌县生态林业发展中心、国网丽水供电公司签订了《"1+1+1"林电联建协议书》，建立更加紧密的沟通交流机制，采取有力措施，推进林业与电网规划充分衔接，同时发挥各自优势，共同促进林业现代化和绿色电网发展，营造树线和谐氛围。三方聚焦松材线虫病防控、火情信息互通共享、林地使用、林木采伐等工作领域，建立需求清单、项目清单、问题清单，实现资源共享、力量整合、合作发力，加强横向协调和信息共享，建立林电合作的长效机制，促进电力事业和生态林业的发展更加健康。

遂昌古院新区

▋ 多重价值

环境价值

国网遂昌县供电公司以坚强电网，保护遂昌的绿水青山。如今的遂昌县森林覆盖率83.64%，共有野生植物2326种、野生动物2608种，其中国家二级以上重点保护野生动植物共110种（2020年数据），拥有古树253种，共计6852株，全县活立木蓄积1017万立方米。全县各省、市监控断面，交界断面达标率100%，出境水质常年达到Ⅱ类以上，水质优良，空气清新。遂昌金矿公园景区的银坑山水库已经连续多年生活着成群的有着"水中大熊猫"美称的桃花水母，这种现已濒临灭绝的独特珍稀物种，对生态环境要求极为苛刻。这说明水库水质良好，体现了遂昌环境治理和生态保护所取得的成果。

经济效益

国网遂昌县供电公司积极推进城乡用电同质化、均等化，截至2023年6月底遂昌电网供电可靠率达99.9859%，明显高于全国平均水平。"十三五"期间，遂昌电网共投入资金5.67亿元，新增扩建35千伏及以上变电站4座，新增改配电变压器525台，线路160.84千米，平均停电时长由16.7小时压降至4.2小时，售电量由7.67亿千瓦时突破10亿千瓦时大关，最高负荷由13.2万千瓦突破至20.33万千瓦，为生态建设产业项目和经济发展提供坚强支撑。

示范价值

"高坪模式"在遂昌试点成功后，各地政府纷纷出台支持文件，新一轮树线清理工作正在全丽水市推广。树线矛盾的和谐破解极大促进了电力线路通道的清理工作，也得以在后续冰灾抢险与抗洪防台期间实现树木无障碍砍伐，既减小了恶劣天气造成的电力损失，也大大缩短了灾后抢修恢复时长。

山明水秀的环境和坚强电网，也带动了在以茶为主导的农业产业和数字文创产业，吸引众多游客和数字互联网头部企业来此发展。2022年，遂昌县农村居民人均可支配收入达27073元。

如今的遂昌县森林覆盖率83.64%

 野生植物 2326种　　 野生动物 2608种

国家二级以上重点保护野生动植物共**110种**

古树**253种** 共计**6852株**

全县活立木蓄积**1017万立方米**

全县各省、市监控断面、交界断面达标率**100%**，

出境水质常年达到Ⅱ类以上，

水质优良，空气清新。

遂昌县生态环境情况

利益相关方评价

桃花水母被国家列为世界最高级别的"极危生物"，为优良环境指示生物，只在严苛的环境条件下出现，适宜其生存的水必须是无毒、无害，不能有任何污染。桃花水母的出现正是遂昌县水质极佳的最好佐证。

——遂昌县环境保护监测站

现在多好，供电公司把电供足了，炖、炒、炸、蒸、烤等所有灶具都用电，煤炭资源不浪费，来人了随时起灶随时做饭，不仅方便快捷还绿色环保！

——遂昌金矿景区游客接待中心餐饮部

今年春茶最高价可卖到500元一斤，但随着机器的增加，我总是担心负荷太大导致断电而造成损失。现在好了，电力的工作人员主动上门送服务，往后炒茶用电我就安心多了。

——大柘镇白麻村制茶户

工作启示及下步计划

"十四五"时期，国网遂昌县供电公司将聚焦战略落地，持续优化电网建设项目和投资计划，为打造"山区生态能源互联网建设示范窗口"而不懈奋斗。迈进第二个百年奋斗目标的历史卷轴，国网遂昌县供电公司将守护万家灯火，挖掘研究生态环境系统共同富裕思想内涵，构建出一条从生态治理到生态价值转化的生态文明建设实践示范带。

生态环境 高颜值　山区经济 高质量

构建出一条生态价值转化的生态文明建设实践示范带

我们要让遂昌的生态系统更健康、更坚强，为国家电网探索出一套山区生态电力保护方案，让电网与自然和谐、共荣！

遂昌湖风光

电连"绿富美"——破解低碳户外旅游和生物多样性难题

国家电网社会责任护航生态经济新模式

项目实施单位
国网宁海县供电公司

项目实施人员
张仕勇 裴传逊 彭家从 崔航凯 王琛 金海东
储海峰 胡圣祥

项目实施时段
2023年1—12月

项目背景

党的二十大报告提出"推动绿色发展，促进人与自然和谐共生"，中共中央办公厅、国务院办公厅印发的《关于进一步加强生物多样性保护的意见》指出：切实推进生物多样性保护工作需要"全面推动生物多样性保护公众参与"。尊重自然、顺应自然、保护自然，是全面建设社会主义现代化国家的内在要求。

宁海县是全国生态示范县，县域森林覆盖率高达64.1%；宁海县也是中国全域旅游示范县，利用《徐霞客游记》开篇地这一历史资源，旅游经济蓬勃发展。但人类活动必然要在经济发展和生态保护中寻找平衡点，在生态持续向好的同时，也面临着一些问题。一方面，

山区电力通道容易树木丛生，不仅影响抢修效率，还会引发停电故障；另一方面，粗放式户外旅游缺少路线引导，既增加了对生态的扰动，也无法将客流量转化成山村的财富量，而且容易造成人身安全事故；最后，用于生物多样性调查、森林火灾监测、旅游安全监控的户外摄像头以及户外露营的零星用电需求亦要解决。

基于以上问题，国网宁海县供电公司识别出在户外旅游与生物多样性保护中的利益相关方，通过与利益相关方建立合作平台，探寻电网建设、户外旅游等"人类足迹"与生物多样性保护的平衡点，助力实现人与自然和谐相处的美好愿景。

思路创新

▍路径整合：双向合作发挥资源优势

宁海县登山步道总长超过 500 千米，是国家体育总局授予的"国家登山步道示范工程"，并向全国推广。国网宁海县供电公司遵循"综合价值最大化"理念，联合当地生态环境局、自然资源和规划局等利益相关方，创新把电力通道融合进国家级登山步道建设中。既便于户外旅游的需求，也通过路径整合降低了对生态的扰动，通道常走常新还减少了电力通道的树线矛盾，提高了山区电力设备隐患的发现率。

▍绿电赋能：清洁供能推进持续发展

宁海县绿色能源丰富，光伏、风电、水电、抽蓄门类齐全，是浙江省新能源示范县，绿电装机容量接近全县高峰负荷的两倍，电能替代成了绿色生活的主要方式。针

对山区户外露营用能需求，国网宁海县供电公司联合经营方，推广户外电源插座应用，用电能代替明火。为更好地实施生物多样性保护，除了对户外摄像头应用光储一体电池代替传统电池外，还开放部分电杆、铁塔构件作为户外摄像头的支撑。

▍平台搭建：创新机制探索多方共赢

生物多样性保护意识不足是当下面临的普遍难题。国网宁海县供电公司联合户外登山微信群，打造"绿行者"户外联盟平台，把生物多样性保护知识、森林防火知识、电力设备保护知识等信息分享到群里。同时建立户外打卡机制，实现客流量引导，促进客流量转化为财富量，助力乡村振兴。通过平台搭建，将粗放的户外活动转变成有目的、有秩序、有价值的旅游形式，形成具备较大社会效益和可持续发展的社会责任根植模式。

主要做法

▍识别相关方，找到"同行者"

围绕宁海山区人类足迹影响生物多样性保护问题，国网宁海县供电公司推进"电连'绿富美'"社会责任根植项目，牵头成立"电连'绿富美'"工作小组，负责规划、协调、实施相应工作。工作组从"因—果"出发，全链条分析两项工作中的利益相关方，为形成参与合作格局做好基础支撑。

利益相关方识别

已出现的问题	可能引发的问题	涉及的利益相关方
电力通道"树线矛盾"	影响故障抢修效率和供电可靠性	国网宁海县供电公司、山村村民
户外活动路线粗放，流量不精准	粗放式的旅游活动容易带来人身安全风险	宁海县文广旅游局、宁海县体育发展中心、山村村民、登山游客
	旅游流量不够精准，无法有效带动当地乡村旅游产业发展，增进山村村民收入	
户外用能需求无法全方位满足	户外旅游活动中使用明火现象屡禁不止，容易引发森林火灾	宁海县文广旅游局、宁波生态环境局宁海分局、宁海县自然资源和规划局、登山游客
	用于生物多样性调查、森林火灾监测、旅游安全监控的户外摄像头用能不满足	
生物多样性保护意识不足	误捕盗捕野生动物、误挖盗挖野生植物	宁波生态环境局宁海分局、宁海县自然资源和规划局

四方合作寻求共赢

共同聚合力，弹好"协奏曲"

国网宁海县供电公司通过现状分析、走访调研、座谈会等方式充分了解各利益相关方对项目开展的初步意见，明确各方的合作意愿、核心诉求与优势资源，确保在项目开展全过程能充分调动各方力量、满足各方需求，为多方共同参与奠定坚实基础和根本保障。

利益相关方分析

利益相关方	通过"电连'绿富美'"根植项目能实现的价值诉求	责任划分
国网宁海县供电公司	· 解决"树线矛盾" · 实现电网安全与生物多样性保护的双赢 · 提升企业负责任形象	· 协调及推进项目实施 · 推动电力通道融入国家级登山步道建设 · 开放部分电杆、铁塔的构件用作户外摄像头的装设支撑 · 保护生物多样性
宁海县文广旅游局、宁海县体育发展中心	· 保障山区户外活动人身安全 · 将客流量转化为财富量，促进乡村振兴	· 协调及支持项目实施 · 支持电力通道与登山步道整合 · 建立打卡激励机制及奖励提供 · 生物多样性保护
宁波生态环境局宁海分局、宁海县自然资源和规划局	· 减少人类活动对当地生态扰动 · 禁用户外明火，防止森林火灾	· 生物多样性宣传物品和生态保护用摄像头的装设 · 主导森林防火、生物多样性保护宣传
登山游客	· 享受有安全、有价值的户外活动体验 · 维护自然环境，主动参与生物多样性保护，助力提升社会综合价值	· 提高生态环保意识，形成社会效益 · 协助开展森林防火、山区电力设备保护、生物多样性保护，并做好相关宣传
山村村民	· 提升居住地区供电可靠性 · 森林防火，保障生命财产安全 · 以更好的生态旅游体验，吸引更多游客流量，实现乡村旅游产业发展	· 协助开展生物多样性保护、山区电力设备保护、森林火灾防护与宣传

宁海县自然风光

根据调研，宁海县自然资源和规划局、文广旅游局、体育发展中心，宁波生态环境局宁海分局，登山游客，山区居民均能在本项目的实施中解决切身利益问题，参与意愿较高。

基于此，国网宁海县供电公司与宁海县自然资源和规划局、文广旅游局、体育发展中心，宁波生态环境局宁海分局主动对接，建立适合多方工作实际的常态化信息沟通与共享机制，共同推进宁海山区的生物多样性保护。

电连"绿富美"项目解析精要

▍齐心护生态，联盟"绿行者"

国网宁海县供电公司结合各个利益相关方的意愿和资源，整理供电线路走向、国家级登山步道路线分布、乡村振兴客流量、生物多样性保护等需求，打造共受益、有价值、可持续的平台。联合利益相关方组织"绿行者"户外联盟，分享生物多样性保护知识、户外活动安全知识、电力设备保护知识、森林防火知识等信息，提高公众对生物多样性保护意识；鼓励"绿行者"们看到珍稀动植物受伤害、生态环境被破坏、电力设备异常等事件时上报相关部门，协助政府部门进行生物多样性保护工作，帮助供电公司及时发现电网异常，消除安全隐患。

建立"绿行者"户外联盟打卡机制，通过客流量精准引导，为生物多样性保护、乡村旅游和电力设施保护赋能

"绿行者"联盟的责任架构

品牌化运营，追求"常态化"

联合利益相关方建立打卡旅游机制。依托政府"艺术振兴乡村""红色旅游"等乡村振兴项目，通过"绿行者"户外联盟成员的自媒体渠道宣传，吸引游客流量，打造网红打卡点，助力乡村振兴发展。设计 LOGO、制作团队旗帜和户外绑扎标志带，开发周边文创产品，增强项目的品牌影响力，形成长效公众记忆。利用品牌影响力和传播力，持续在线上线下吸纳新成员，收获长期效应，谋求常态化运营。

 **打造网红打卡点**

 **形成品牌影响力**

依托政府"艺术振兴乡村""红色旅游"等乡村振兴项目，通过"绿行者"户外联盟成员的自媒体渠道宣传，吸引游客流量，打造网红打卡点。

设计 LOGO、制作团队旗帜和户外绑扎标志带，开发周边文创产品，增强项目的品牌影响力。

品牌化运营模式

项目成效

优化能源利用结构，发展更绿色

截至 2023 年，整合进国家级登山步道的电力通道共达到 12 条，供电公司联合利益相关方为用于生物多样性调查、森林火灾监测、旅游安全监控的户外摄像头实施绿电转型。绿电供应户外设备达到 23 台，切实解决了户外旅游及生态保护的零星用电需求，为可持续低碳发展作出贡献。

助力推进乡村振兴，民众更富足

登山游客协助户外电力设备保护，进一步提升了当地的供电可靠率，为乡村产业高质量转型提供了能源保障。另一方面，"绿行者"的品牌影响力的扩大和打卡激励机制的建立，提升了当地生态旅游体验，一定程度上可以增加游客流量，带动沿线附近的村庄民宿、餐饮等乡村旅游产业的发展，为乡村振兴添砖加瓦。

开放部分电网构件，为绿电户外摄像头提供安装基础

整合生态保护资源，山林更美丽

"绿行者"户外联盟共建立微信群 5 个，覆盖人员 2480 位，联合调查形成野生动物聚集地 2 个，供电公司开放的部分电杆和铁塔安装摄像头能对野生动物进行观察，助力宁海生态环境局完成首次生物多样性地毯式大调查，防止人类违法行为，为生物多样性保护作出有力贡献。

在项目实施过程中，打卡激励机制的建立，吸引越来越多的登山游客、山村村民加入"绿行者"户外联盟，有效提升了游客们的户外旅游的安全意识、环保意识、生物多样性保护意识，有助于实现人与自然和谐友好相处。

彰显电网品牌形象，认同更提升

项目通过整合资源、合作共赢的方式，切实提升了当地生物多样性保护的意识和成效，也增进了利益相关方的理解和认同，彰显了供电公司的国企担当，相关行动在人民日报、央视新闻、学习强国、宁波晚报等多个国家、省、市媒体刊出，覆盖人群数量超过百万，向社会公众树立了国家电网有限公司良好的品牌形象。

工作启示及下步计划

推进旅游转型，助力乡村共同富裕

打造"绿电窗口"，实现远程观赏野生动物，丰富数字化旅游形式，不仅可以提高游客和民众的生物多样性保护意识，让游客多角度感受自然生态的魅力，更可以促进当地旅游产业转型发展，为乡村提供更多的就业和创业机会，提升农村经济发展和农民收入水平，助力共同富裕。

共享绿电储能，人与自然和谐共生

助推绿电储能装置租赁发展，一方面为户外旅游提供用能便利，同时引导公众建立"户外低碳游、用能用绿电"的理念，培养公众清洁用能意识，助力优化能源利用结构，减少温室气体排放。另一方面，通过资源共享，促进绿色储能装置高效利用，降低运维和使用成本，推动绿电产业发展。

供电公司员工勘察电力通道地理数据，为融入国家级登山步道建设做准备

03 / 责任管理

多方协动"电""桩"无忧

智慧路灯杆让老小区走出"停""充"两难困境

将"硬"服务变成"软"连接，为"侨经济"发展按下快进键

"绿色采购"带动供应链"添绿"又"增金"

多方协动
"电""桩"无忧

政企社联动破解"老旧小区"充电桩建设难题

项目实施单位
国网湖州供电公司

项目实施人员
沈根强　金建峰　吴　健　王　佳　计晓怡
周天宇　王忠秋　诸骏豪　高剑翔　严喆娉
杨　扬

项目实施时段
2022年1—12月

项目背景

近几年，湖州市越来越多的市民家庭购置电动汽车出行。电动汽车保有量增加的同时，充电桩报装需求也迅猛增加。然而，由于充电基础设施规划整体滞后于电动汽车市场的突飞猛进式发展，居民小区电动汽车"充电难"普遍存在，尤其在电容量有限、缺少公变电源、停车位共用、缺乏规范物业管理的老旧小区，充电桩加装更是面临诸多难题。一桩难求、安桩难问题尤为突出。

这一方面导致老旧小区电动汽车车主私人充电桩报装需求难满足，私拉电线、飞线充电等危险充电行为难治理，充电安全事故时有发生；另一方面导致小区外公用充电桩更

难抢、更易坏、难运维。老旧小区作为在湖州城区居民小区中比例较大的社区形态，如何妥善解决一桩难求的困境？国网湖州供电公司以老旧小区密集的吴兴区为实施区域，通过协同多方开展老旧小区治理创新，探索"老旧小区"建新"桩"的多方联动实现路径。实现基层社区治理现代化和社区服务均等化既是落实浙江省《高质量建设"和谐自治标杆区"2022社区治理创新行动计划》的重要议题，也是湖州供电公司作为本地新能源汽车充电基础设施的重要建设主体，有效带动新能源汽车普及、探索减排实践的重要行动。

思路创新

项目组通过走访湖州市8个老旧小区的街道办事处、新能源汽车车主、小区居民，发现新能源汽车充电需求与老旧小区充电难、充电乱、改造难、运维难的关键问题。

一是供需失衡日益严重。老旧小区居民家庭购买电动汽车的数量迅猛增加，但老旧小区存在停车位不固定、公共变压器电源点不足、电容量不够等问题。

二是物业部门管理缺位，多方主体缺乏配合。复杂的充电需求与稀缺、布局低效的充电基础设施资源之间的矛盾被进一步激化。要解决老旧小区充电难的问题，需要联合多个利益相关方的力量，对充电问题进行综合管理。国网湖州供电公司通过工作思路的三大转变，寻找到创新解决方案。

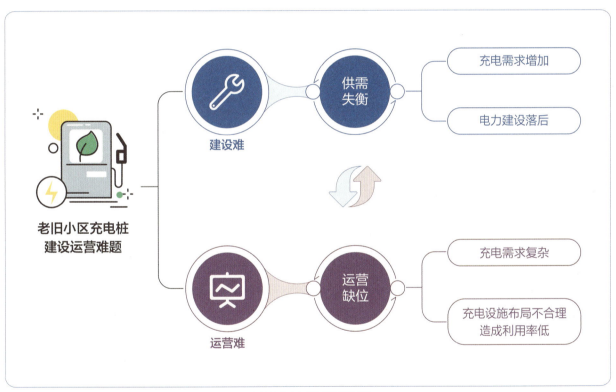

老旧小区充电桩运营问题剖析

目标定位转变：
从"完成主业"到"创造价值"

改变原有"完成主业"的旧工作思路和目标，转变为从创造经济社会综合价值、解决民生难题的角度出发，通过协同多方共同"创造价值"。

突破老旧小区加装难的困境，不仅能实现原有主业任务的完成，还能实现经济、社会、环境综合价值的创造。

工作方法转变：
从"被动响应"到"主动引导"

针对三类问题：一是新能源汽车车主的不规范充电；二是老旧小区的其他车主及居民不规范停车占用充电桩；三是网约车司机充电占用大量的小区充电桩。

项目组主动有序引导、形成良好的充电需求生态和充电行为习惯，有效地提升老旧小区已有充电基础设施的服务效率，减缓供需矛盾。

行为模式转变：
从"各自为政"到"多方协同"

湖州供电公司在清楚识别利益相关方的基础上，推动利益相关方从各自为政走向合作协同，从规划、建设、运维、改造等整个充电基础设施管理的业务全生命周期出发，对各自的责任边界进行清晰划定，实现多元需求融合、多方资源整合。转变多方行为模式从以往的"各自为政"到如今的"多方协同"，协调好多方利益，减少冲突，从而解决核心问题。

转变工作开展思路

实施举措

工具创新协助设计利益相关方共赢协作方案

国网湖州供电公司通过将"识别-沟通-谈判-联动"的利益相关方管理模式进行工具化开发，形成了《潜在利益相关方识别指南》《利益相关方识别表》《利益相关方协作方案设计指南》等一系列实操性强的利益相关方协作方案指导工具，对潜在利益相关方进行识别，并通过调研访谈设计利益相关方协作方案。

国网湖州供电公司识别出湖州市经信局、规划局、消防大队、老旧小区居委会、物业管理协会、新能源汽车4S店、新能源网约车司机、小区居民为主要利益相关方。结合电动汽车充电桩报装需求数量，以及政府开展老旧小区改造的工作规划，选择了吴兴区的滨湖片区和南浔片区共计15个老旧小区开展了充电桩"整体加装"工作。

国网湖州供电公司采取"座谈交流+现场观摩"的形式联合各部门与小区居民代表开展充电桩交流会活动，讨论内容围绕充电桩项目推进方案的规划，如何突破现有充电桩难题，居民车库是否具备充电桩安装权等问题展开。在沟通和调研的基础上，设计协同行动方案。

利益相关方签订共赢合作方案现场

社会责任根植项目利益相关方识别

利益相关方	识别依据	识别结果
规划建设运维者		
经信局		√
规划局		√
消防大队	（1）是否有意愿参与此联合行动项目？	√
供电公司	（2）是否能够从协同行动中获得好处？具体有哪些好处？	√
街道办事处	（3）是否愿意配合进行一定的成本付出？	√
充电设备供应商	（4）是否有利于创造经济、社会和环境综合价值？	√
社会电工		×
新能源汽车4S店		√
使用者		
小区居民	（1）自身义务是否与本项目目标有所重合？判断是否具有合作基础。	√
小区新能源汽车车主	（2）是否有优势配合该项目的推进？	√
	（3）是否愿意配合进行一定的成本付出？	
新能源网约车司机	（4）是否有利于创造经济、社会和环境综合价值？	×
协调管理者		
居委会		√
业委会等其他小区自治组织	（1）是否有意愿参与此联合行动项目？	√
	（2）是否能够从协同行动中获得好处？具体 有哪些好处？	
网约车公司及平台		×

注：利益相关方识别工作需要由国网湖州供电公司的社会责任根植项目小组首先对本方案中列出的潜在利益相关方进行初步识别，然后通过利益相关方访谈后，具体判别是否为本项目的利益相关方。

利益相关方调研信息汇总及协同行动方案设计

利益相关方	意愿诉求	可供资源	协同方案
经信局	· 社会治理有序发展 · 公共服务均等化成效显著	· 规划协同 · 行政协调资源	· 牵头推进 · 协调下级部门参与
规划局	· 减少协同规划矛盾冲突 · 提高规划建设效率	· 协调政府部门与供电公司 · 协同开展专项规划	· 协调消防大队与供电公司进行 · 充电桩建设规划
消防大队	· 小区居民充电行为安全 · 私搭电线等危险行为管制 · 消防事故零发生 · 小区充电基础设施运营安全	· 监管执法 · 行政监管	· 专项巡查与监管 · 协同开展充电基础设施布局优化 · 协同开展充电基础设施消防安全改造
供电公司	· 良好的小区充电服务 · 较低的故障率及运维成本 · 良好的用户满意度 · 高效的充电基础设施使用率	· 充电桩运维服务 · 专项改造资金补贴 · 协调管理及部分志愿服务 · 电力基础设施升级	· 联动运维 · 联动开展充电基础设施优化升级 · 联动开展充电桩规划建设
街道办事处	· 辖区内居民对公共服务的较高满意度 · 辖区内居民充电难投诉减少 · 辖区内居民充电安全隐患减少 · 辖区内新能源汽车有序充电	· 协调居委会、社区自治组织的行政管理资源 · 协调政府各局委办的行政协调沟通资源	· 推进老旧小区居委会开展联合行动 · 协调不同部门的规划建设需求提供充电基础设施建设改造方案
居委会	· 执行社区服务均等化的相关政策 · 辖区内居民充电难投诉减少 · 辖区内居民充电安全隐患减少 · 辖区内新能源汽车有序充电	· 组织管理资源 · 联动小区自治组织开展活动的协调资源	· 联动开展有序充电的倡议宣传活动 · 协调开展不文明充电行为的治理活动 · 协调提供充电基础设施建设过程中的其他保障
业委会、物业管理协会	· 良好的社区生活环境 · 有序的充电秩序 · 较低的充电成本 · 文明的充电行为	· 业主沟通与协调 · 群体行为规范的普及与推广	· 配合开展专项宣传活动 · 协调开展不文明充电行为的治理活动
充电设备供应商	· 获取设备收益，提高品牌影响力	· 充电桩的简单管理与运维	· 配合参与专项联合行动
社会电工	· 获取额外的收入	· 老旧小区充电桩运维服务	· 配合参与专项联合行动
新能源汽车4S店	· 销售业绩提升 · 良好的品牌形象 · 较高的售后服务客户满意度	· 私人充电桩安装与运维服务资源 · 与其他充电桩建设管理部门的协同沟通 · 与新能源汽车车主的沟通协调资源	· 私人充电桩建设安装与协同规划 · 私人充电桩安装与运维服务
小区居民	· 稳定的供电服务 · 良好的社区生活环境 · 较低充电成本 · 价格优惠的家庭备用电源优化升级	· 行动配合 · 行动倡议	· 配合参与专项联合行动
新能源汽车车主	· 便捷充电服务 · 较低的充电成本	· 少量充电服务成本	· 配合参与专项联合行动

政社企联动搭建老旧小区充电桩共建模式

针对老旧小区充电桩加装难的问题，通过推动政府规划建设部门、小区居委会开展政企协作，在"供给"侧形成了联动的"协同规划-协调建设"工作体系。

开展对话，与政府多部门合作开展协同规划

国网湖州供电公司通过与湖州市经信委沟通，将充电桩规划建设纳入经信委正在统筹的老旧小区改造整体规划中。在进行社区基础设施五年度规划或年度规划时，着重对充电桩的布局开展多部门的协同规划，由规划部门、供电公司、街道管理部门联合开展规划，让充电基础设施的建设改造能够充分满足小区中长期发展的趋势。

协同建设，联合多方开展需求摸排与建设施工

基于老旧小区整体规划基础上开展充电桩建设，由供电公司对接居委会、业委会开展需求摸排与勘查，与消防单位开展联合巡检对充电桩设备安全性、安装要求、消防器材配备、充电桩建成投入使用后的消防安全性等进行协同改进，制订工作流程规范，实现了建设施工全过程的多方协同工作模式。2022年，分别针对施工的20个老旧小区建设符合小区需求实际的定制化方案。

多方协同的老旧小区充电桩加装工作流程

工作流程	工作内容	协同主体
需求摸排	摸排老旧小区充电桩配套整体加装需求	供电公司、业委会、居委会
加装申请	向供电公司提出加装需求申请，确定充电桩建设的规模、交流慢充与直流快充的配比比例	业委会、居委会
查勘设计	联合开展现场查勘确定表箱及分支箱安装位置、电源接入方式、电缆敷设方式；了解线缆布设特点、配电变压器容量情况	供电公司、业委会、居委会、消防大队
方案公示	确定充电桩配套设施选址及建设方案，由供电公司进行公示	供电公司、业委会、居委会、消防大队
方案确认	由物业（业委会）或街道（居委会）向属地供电公司出具《小区充电桩电力配套选址公示确认书》及《小区充电桩电力配套建设承诺书》	业委会、居委会
工程实施	由属地供电公司按照业扩配套工程管理规范组织工程实施，制订里程碑计划并落实进度管控；由消防部门对施工过程中的消防安全建设进行督导	供电公司、消防大队
统计分析	对老旧小区充电桩报装量、充电电量、公用变压器负载率等数据开展统计监测，滚动更新老旧小区充电桩配套整体加装计划	供电公司
工程验收	对加装完成的小区充电桩进行验收，对消防合规进行验收，对不当充电行为进行引导	供电公司、消防大队、业委会、居委会

2022年湖州老旧小区充电桩加装情况统计表

序号	基本信息							实施进度							
	分公司	供电所	小区名称	车位类型	车位数	接电点数量	配套工程预算	现场勘查	方案设计	方案公示	方案确认	进场施工	表箱安装	工程完成	目前进度
1	吴兴	滨湖所	新华府小区	地下室	350	1		已完成	已完成	物业已公示盖章	业委会没有盖章	优先11.10	11.19完成	已完成	
2	吴兴	滨湖所	龙庭小区	地下室	300	5		已完成	已完成	物业已公示盖章	已盖章	优先11.18	11.19完成	已完成	
3	吴兴	滨湖所	龙溪翡翠	地下室	400	5		已完成	已完成	物业已公示盖章	没有业委会	优先（部分）11.20	11.19完成	已完成	
4	吴兴	滨湖所	天元颐城	地下室	350	4		已完成	已完成	物业已公示盖章	已布点	10月完成		已完成	
5	吴兴	滨湖所	加利广场	地下室	120	1		已完成	已完成	物业已公示盖章	业委会没有盖章	优先11.5	11.2已完成	已完成	
6	吴兴	滨湖所	祥和东区	地下室	260	3		已完成	已完成	物业已公示盖章	社区未盖章	优先11.9	11.22已完工	已完成	
7	吴兴	滨湖所	清丽家园	地下室	350	3		已完成	已完成	物业已公示盖章	已盖章	11.20	11.24已完工	已完成	
8	吴兴	滨湖所	江南华苑	地下室	750	3		已完成	已完成	物业已公示盖章	没有业委会	11.21	11.5已完工	已完成	
9	吴兴	滨湖所	望湖花园	地下室	120	2		已完成	已完成	物业已公示盖章	业委会没有盖章	11.22	11.22已完工	已完成	
10	吴兴	滨湖所	凤凰一村	地面	600	2		已完成	已完成	物业已公示盖章	已盖章	11.28			土建在施工
11	吴兴	滨湖所	凤凰二村	地面	700	2		已完成	已完成	物业已公示盖章	已盖章	11.28			土建在施工
12	吴兴	滨湖所	龙凤小区	地面	97	1		已完成	已完成	物业已公示盖章	已盖章	10.30	11.11已完工	已完成	
13	吴兴	滨湖所	青塘小区	地面	380	1		已完成	已完成	物业已公示盖章	已盖章	11.05			等土建施工
14	吴兴	滨湖所	侨兴花园	地面	76	1		已完成	已完成	物业已公示盖章	已盖章	10.30			等土建施工
15	吴兴	滨湖所	金泉小区	地面	25	2		已完成	已完成	物业已公示盖章	已盖章	11.27			等老小区改造一起施工
16	吴兴	滨湖所	港湖北区	地面	20	1		已完成	已完成	物业已公示盖章	已盖章	11.02	11.5已完工	已完成	
19	南浔	南浔所	浔溪秀城	地面	350										
20	南浔	南浔所	南林花园	地面	240										

分类分策，定制化老旧小区充电桩建设方案

2022年，分别针对施工的20个老旧小区进行施工，对有私人和租赁车位的老旧小区、配电房容量不足的小区分别定制不同的出资方案、施工方案与管理方案。

一是表前业务采购由供电公司出资。国网湖州供电公司通过对充电桩配套建设与运营管理的全业务流程进行梳理，将需要资金投入的业务节点进行了识别，分别包括表前电缆、表箱、表后电缆、充电桩等四类物资出资，其中供电公司对表前和表箱物资采购进行出资，从专项资金中进行划拨。

二是对于车位属于公共产权的老旧小区，加强政府资金利用。根据湖州市住建局2021年编制《中心城区城市更新"十四五"专项规划》，通过借力住建局的老旧小区改造工程建设的政策优势，积极推进将老旧小区充电桩建设纳入城市老旧小区改造一揽子行动中，一定程度上为充电桩加装节约了资金资源。

三是对于部分私人产权或车位可租赁的老旧小区，探索社会资金参与充电桩加装建设。2021-2022年，通过与6家汽车4S店合作，共同探索了"购车办电-装桩接电-充电服务-增值服务"为一体的一站式服务新型商业模式，由电动汽车业主自行出资或4S店购车出资的方式购置表后电缆和充电桩，由营销部牵头主动上门对接并与4S店签订合作协议，将办电服务前置至4S店，完成私人充电桩的建设。

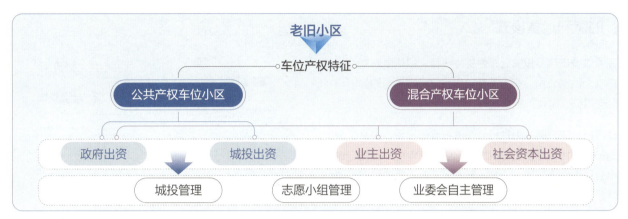

分类分策的老旧小区充电桩运营管理方案

组织形态创新探索老旧小区充电桩社会化运营管理模式

老旧小区改造"三分建，七分管"，对于老旧小区中的大部分小区，国网湖州供电公司通过协同多个利益相关方建设志愿管理小组的方式，对充电基础设施的规划、建设、运维、改造等各方面开展协同管理。

一是供电公司协同物业成立柔性支援小组提供充电桩管理服务。由老旧小区所在供电所及其红船服务队为主体，参与老旧小区物业管理体系中，借助多方力量提供老旧小区充电基础设施管理服务。国网湖州供电公司通过将滨湖供电所、南浔供电所等供电所红船服务队与物业建立联系，在2个老旧小区试点建设了柔性志愿管理小组，半年内帮助小区协调解决多起变电箱扩容改造的业主意见调节问题、充电桩车位占用问题等。

二是供电公司联合各利益相关方引导充电桩使用行为，有效提升了老旧小区新建充电桩的使用效率。通过与消防部门、经信部门、小区居委会协同，组织召开了绿色智能充电桩交流会，就智能充电桩的文明使用进行了宣讲，大会之后，消防大队协同国网湖州供电公司滨湖供电所、居委会、当地居民代表进行了老旧小区充电桩安全巡查活动，指出老旧小区充电桩使用过程中的问题，并给出解决方案；对尚存在的不文明充电行为进行了危害说明及整改指导。

老旧小区联合巡检

试点探索城投公司主导、多元主体参与的微利运营模式

探索以城市建设投资公司为主体托管、经信委新能源推广办、供电公司、充电设备供应商等多方参与的老旧小区充电桩"微利"运营模式。

在建设投资方面，由城投公司进行建设投资，由泰伦公司按照市场优惠价格提供充电电缆、充电桩等设备，供电公司提供表前改造资金，形成了三方协同的建设投资体系。在运营管理方面，在湖州市经信委新能源推广办的指导下，由城投公司采取微利模式对小区充电桩进行经营收费，新能源汽车推广办协同供电公司为公共充电桩集中充电电价申请优惠电价，盈利部分用于开展充电桩的运维管理。

湖州市新能源汽车推广办申请小区公共充电桩电价优惠

项目成效

国网湖州供电公司秉承多方协同、主动引导、综合价值创造的工作理念开展老旧小区充电桩加装建设，项目成效总结如下。

"一桩难求"极大改善

项目实施周期内，共完成了20个老旧小区的充电桩加装工作，有效改善了老旧小区一桩难求的现状。2021—2022年11月期间，吴兴区充电桩申请数量10111个，增加表箱1045个，为充电桩敷设电缆共216千米，装配分支箱376台。

为多方创造共赢价值

便民：打造10分钟充电圈

对于试点老旧小区的居民而言，通过在小区规模加装充电桩，小区新能源汽车车主基本可在10分钟之内找到闲置充电桩进行充电，大大改善了过去老旧小区新能源汽车车主找桩难的现象。

安全：社区危险充电行为改善

对于老旧小区的居委会和业委会等物业管理单位而言，通过与消防部门、经信部门等政府部门开展需求引导宣

安装充电桩前后用户充用电环境对比图

讲活动和联合巡检活动，在试点加装充电桩的老旧小区内，新能源汽车车主的不安全充电行为得到了明显的解决，安全意识提高，飞线充电等现象明显减少，社区安全隐患得到了妥善处理。

对于消防部门而言，通过缓解老旧小区居民电动汽车"充电难、充电贵、充电不便"问题、减少为先充电行为，减少了因充电引起的爆炸、火灾事件风险，有效缓解城市消防安全压力，助力全社会的安全稳定用电。

效益：供电公司优质服务提升

对于供电公司而言，通过加装充电桩不但满足了连年增加的新能源汽车充电桩报装需求，而且通过探索多元化的充电桩运营管理模式，老旧小区充电桩使用有序、运维及时。截至2022年11月，已加装老旧小区充电桩的使用率大致维持在98.6%左右，处于负荷经济合理的区间；客户满意度从95.2%提升到99.9%。

▌建设政企社联动生态

在老旧小区的规划方面，初步建立以经信部门为主导、住建部门、消防人防部门、电力部门协同参与的多方协同规划模式。在建设与运营方面，形成了居委会、供电公司、小区业委会等多个利益相关方协同建设与运营的可持续模式。在老旧小区的充电需求管理方面，探索建设以柔性志愿小组为牵头，居委会、社区居民、新能源汽车车主共同参与的文明充电需求生态。

▌模式示范效果初显

在充分调研的基础上和不断的建设施工与运维管理实践中，国网湖州供电公司通过将老旧小区进行分类，搭建了"规划、出资、建设、运营"全业务流程的分类分策充电桩建设运营体系，为老旧小区这一特殊场景下突破充电桩加装难题提供了系统化解决方案的探索，搭建了分类分策的老旧小区充电桩运营管理"湖州模式"。

通过将老旧小区充电桩用电难的解决范式进行概括，形成研究论文2篇、专题报道3篇，在专业学术杂志和人民网等主流媒体进行发表，系统化向外输出了湖州供电公司分类分策进行老旧小区充电桩建设、管理与运营的示范模式，《供电企业服务居住区的充电设施系统化建设管理》获得国网浙江省电力有限公司2021年度管理创新成果三等奖，国网湖州供电公司在老旧小区充电桩建设运营管理模式初具示范性。

学术期刊发表湖州老旧小区充电桩建设模式探讨的论文

媒体对老旧小区充电桩政企社联动管理运营模式的报道

智慧路灯杆让老小区走出"停""充"两难困境

社会责任根植居民小区充电桩服务模式创新

项目实施单位
国网宁波供电公司

项目实施人员
张建赟　张娅玲　杜蕾佶　张程熠　沈弋戈
王含瑜　陈瀚晓

项目实施时段
2020年1月—2023年12月

项目背景

在"双碳"背景下，新能源汽车产业快速发展，据统计，截至2023年9月底，全国新能源汽车保有量已超过1800万辆，2023年前三季度，全国新注册登记新能源汽车519.8万辆，同比增长40%。随着电动汽车的普及，充换电基础设施建设水平成为影响其发展的重要因素，而"充电焦虑"成为困扰广大新能源汽车车主的一大难题。

为推动解决电动汽车充电基础设施建设问题，第十三届全国人大五次会议第6894号建议的答复中提到，要求相关部门制定实施充换电设施政策，提高公共场所、居民小区等主要场所充电桩覆盖率。国家发展改革委等部门联合印发的《关于进一步提升电动汽车充电基础设施服务保障能力的实施意见》也指出，到"十四五"末，形成适度超前、布局均衡、智能高效的充电基础设施体系，能够满足超过2000万辆电动汽车充电需求，并要求严格落实新建

居住社区配建要求，确保固定车位百分百建设充电设施或预留安装条件。

对于新建小区，国家有关部门已出台相关规范明确建设要求及配建比例，但对于老旧小区，以宁波市江北区为例，全区2000年前投运小区共52个，户均车位配比仅1：0.67，泊位资源的紧张使得"停车难"问题普遍存在，充电问题更是难上加难，主要面临个人充电桩报装难、公共充电桩建设难以及公共充电桩运维难三大问题。

针对上述问题，国网宁波供电公司选取老旧小区多、充电矛盾突出的中心城区江北作为试点区域，探索出一条由外而内破解老旧小区"停""充"两难的新路径，携手各利益相关方，共建新的商业模式，实现多方合作共赢，创造经济、社会、环境综合价值。

思路创新

智慧路灯杆项目特性

拓展小区外部解决路径，破解小区内部之困

国网宁波供电公司在多年小区充电设施建设过程中发现，基于老旧小区泊位稀缺状况，无论以何种形式将充电设施安装在小区内，都难以避免高峰期间油车占位这一核心问题，无法确保充电设施能够发挥作用。为了有效应对老旧小区内部因停车资源不足导致的停充两难问题，考虑到道路边的路灯杆具备良好的改造条件，国网宁波市江北区供电公司另辟蹊径考虑将充电设施安装在小区外部道路两旁泊车位，将周边道路灯杆作为充电载体，打造停车充电一体化的智慧路灯杆，有效应对老旧小区内部因停车资源不足导致的停充两难问题，拓展小区内部充电空间。

宁波天水家园南侧智慧路灯杆，绿色车位为充电专用泊车位

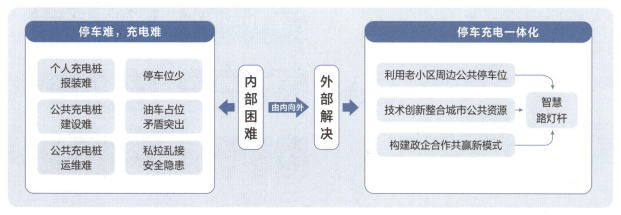

破解老旧小区"停""充"两难困境

加强政企战略合作共赢，破解重点民生问题

电动汽车充电难问题无法依靠供电公司单方面解决，需要与政府部门群策群力、共同推进。国网宁波供电公司在项目前期调研阶段，从智慧路灯杆建设所需要素出发，精准识别项目利益相关方，分析各方的优势资源。主动对接江北区政府，与公共泊位及照明设施的管辖单位江

北区综合行政执法局按照"优势互补、资源共享、合作共赢"的原则签署战略合作协议，成立项目管理专班，共同推进以智慧路灯杆为核心内容的综合能源项目，经过不断的探索研究，建立起一套政企合作、共建共享的商业模式，在为小区居民解决充电难的同时提升了泊位利用率，并将充电红利通过停车费减免的形式反馈给小区居民，真正实现了项目的良性循环。

政企合作成立项目管理专班

融入系统平台管理思维，实现开放智慧运营

项目的可持续发展与系统平台管理思维密切相关，必须充分利用市场机制整合资源，打造多主体的共赢共利生态圈。在探讨过多种方案后，为有效实现居民使用的便利性及数据大平台的集成性，最终确定将充电设施的运营以模块形式嵌入到宁波城市官方的泊车App甬城泊车中。宁波城市官方泊车平台专业性强、受众面广，一方

面可以有效降低平台开发成本，另一方面也能更快更好得被居民用户接受，减少居民用户手机App安装数量。通过在宁波城市官方泊车平台增加充电模块、优化停充结算功能，既能够实现将充电设施的运行状态、定位、价格等关键信息准确传递给用户，引导用户合理使用充电桩，又能够将项目的充电量、充电时段、充电金额、充电用户等多项核心数据与泊车数据进行了有机结合，为后续的运营策略及扩大建设范围提供有效支撑。

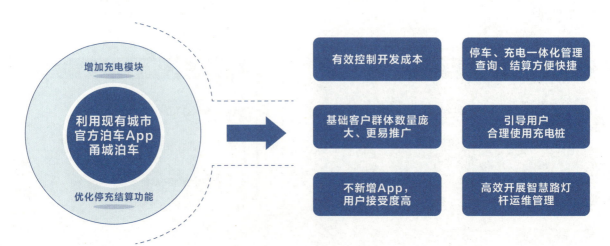

利用现有城市官方泊车App运营管理，实现"便捷用"和"智慧管"

坚持用户思维优化升级，持续提升用户体验

国网宁波供电公司坚持以"用户思维"推动项目建设，以用户需求、用户体验为导向，深度理解用户，从安全性、便捷性等方面出发打造老百姓爱用、好用的智慧路灯杆。安全性方面，充分考虑沿海城市老旧小区的周边人行道路环境下防触电、防磕绊、防涝等要求，深入对接有关技术专家确定相关优化方案。一是通过抬高充电设施的安装位置及封堵泥的安装位置杜绝设备进水的安全隐患；二是在充电设施内加装了电保护装置，在电流超过安全阈值时立即断电并向后台发出警报；三是研发充电电缆的自动回收装置，避免行人磕绊。便捷性方面，调研老旧小区电动汽车车主充电需求，针对充电用户多在下班后停车充电，第二天上班使用，以及大多数用户已支付小区内部整年停车费用等情况，将充电费用与停车费用进行有效联动，通过停车费用达到一定金额满减充电费用，有效提升智慧路灯杆市场竞争力。

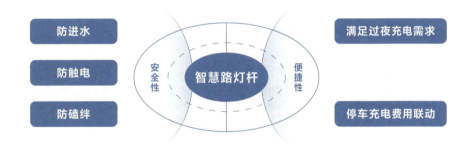

从安全性、便捷性方面提升用户体验

主要做法

集合政企多方之智，建立共建共享商业模式

主动对接政府，获取政策支持。国网宁波市江北区供电公司以用户需求为导向，主动对接江北区委、区政府，在江北区相关政府部门的大力支持下，推动国网（宁波）综合能源服务有限公司与宁波市江北区智慧城市公共设施运营管理有限公司就城市充电站建设运营签订项目合作协议，共同参与项目的投资、建设与运营。在宁波市能源局近期发布的文件中，也提出"在城市次要道路路边临时停车位建设充电桩"，进一步鼓励利用道路泊车位解决充电难问题。

创新合作模式，打破建设壁垒。投资双方针对智慧灯杆项目召开专题推进会，约定采用平等出资、利益共享、风险共担的方式开展项目建设，精准发挥双方各自优势和探讨各自责任界面。借助供电公司在公用配电设施的管理权、综合行政执法局在城市公共照明设施及道路公共泊位的管理权，实现最大程度的社会资源整合，有效降低项目合作成本，探索出一套行之有效的共建共享商业模式。

签署战略合作协议，开展以智慧路灯杆为核心内容的综合能源项目

智慧路灯杆创新可复制可推广的商业模式

利益相关方分析

利益相关方	参与意愿	核心诉求	优势资源
国网宁波供电公司	非常强烈	· 解决老旧小区充电难问题 · 塑造责任品牌形象	· 电源资源 · 供电服务优势
国网（宁波）综合能源服务有限公司	非常强烈	· 增强企业服务能力 · 拓展能源服务种类	· 电力技术优势
宁波市政府	非常强烈	· 推动新能源汽车发展 · 解决新能源汽车充电难问题	· 公信力 · 社会资源整合
综合行政执法局	非常强烈	· 提升城市管理水平 · 塑造责任品牌形象	· 政策处理优势 · 公共设施管理优势
宁波市江北区智慧城市公共设施运营管理有限公司	非常强烈·	· 创造经济收益 · 加强泊车位管理	· 道路泊位资源优势
项目实施小区业主	非常强烈	· 解决停车难、充电难问题	· 舆论影响
项目实施小区物业	强烈	· 解决小区停车充电管理混乱问题 · 减少小区内私拉乱接问题	· 小区管理优势 · 项目推介优势

突破产品技术难点，因地制宜迭代创新产品

掌握供需信息，优化站点选择。国网宁波供电公司通过充电桩报装数据分析及调研走访，主动摸排房龄在10年以上的老旧小区充电情况，通过深度分析区域内充电设施配置与居民充电需求的供需关系，初步筛选出充电难矛盾突出的10个小区。后续针对小区外部道路是否拥有丰富的道路泊位资源进行实地排查，最终选定区域内天成家园、天水家园作为试点小区。

立足服务场景，优选适宜产品。在不破坏灯杆本体结构的基础上利用抱箍方式将传统充电桩安装在灯杆适宜位置，即将充电桩本体放置在铝壳内，并将整体固定在路灯本体之上，最大限度实现了城市公共空间的高效利用。在项目初期，为提升充电效率，项目组为灯杆配置了一机双枪60千瓦的直流充电设施，但在实际运营过程中发现，对老旧小区居民来说，往往利用下班后到第二天上班前这段时间来补能，充电速度对其而言并不是关键因素，并且大功率充电设施的充电电缆较粗较重，给居民使用体验和后续安全运行带来了不利影响。项目组吸取经验后，在第二个试点天水家园小区项目中将原有

天水家园小区外建成9基具备充电功能的智慧路灯杆

的快充设施替换为7千瓦的交流慢充设备，投资成本下降90%，既满足用户充电需求，又有效控制项目成本。

利用科技赋能，消除安全隐患。由于部分新能源车车主在充电完毕后随意将充电枪扔在地上导致电缆受到人员踩踏、汽车碾压等伤害，一方面会降低充电桩使用寿命；另一方面若外侧绝缘皮破损，将会存在一定的安全隐患。充分考虑这一安全要素后，设计人员在原有充电桩基础上加装了电缆自动回收装置及电缆回收触点，电缆自动收卷装置主要包含收卷轮、电机，主要通过电机驱动装置控制电缆的放出和收卷。在车主完成充电后，将自动触发电缆回收装置，若在回收过程出现因充电线缆堆积造成卡线时，桩体将会发出警报提醒车主将充电枪手动归置原位，显著提高了智慧充电灯杆运行的安全性。

拓展应用界面，支持灵活改造。灯杆本体支持模块化改造，已在建设期间考虑后续接入其他公共设施的电源容量裕度并在路灯上预留空余接口，后期无需再进行线路改造即可直接投入使用，可支持安防监测设备、环境监测设备、电子广告屏、信号基站、公共广播等设备接入，满足多场景多要素应用设备灵活"即插即用"。

智慧路灯杆集合监控、基站等公用设施，大大提升公共空间资源利用率

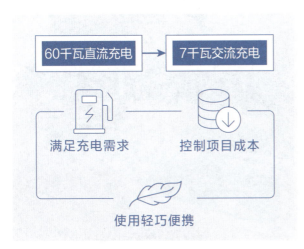

智慧路灯杆充电设施选择

智慧路灯杆功能模块化集成示意

完善项目运维体系，提升用户停车充电体验

科学运维管理，提升运维效率。项目采用委托运营方式将充电设施运维工作委托专业运维公司，将合同金额与项目收益、单桩日均充电量、用户评价等多方因素挂钩，在提升运维单位积极性的同时有效降低后续运维成本。运维频率设置为每周一次定期巡逻及后台24小时状态监测，一旦发现故障，运维人员会即刻前往现场消缺。

智慧平台运营，实现功能一体化。通过将充电平台嵌入宁波城市官方泊车系统，实现双方平台的互联互通。车主能在该平台上同时获取到充电桩运行状态、充电时段及价格、泊位收费等双边信息，实现了停车、充电、结算功能一体化，避免了车主下载多个App，有效提升用户停车充电便捷体验。同时，系统实现了项目建设方收益的自动清分结算，在当日的24时针对当天的充电费用进行五五分成各自划拨至投资双方账户，大大提升项目结算管理效率。

优化收费策略，释放充电红利。通过调研数据分析和与物业的前期交流，小区内部新能源车车主的充电需求大多聚焦在当日6时至次日8时，为引流热门时段的内部停车车辆并解决小区内外停车费差异问题，双方

利用宁波城市官方泊车系统，实现停车、充电、结算功能一体化

商讨进一步在热门时段压减车主的停车充电费用，在平台增加实现充电费用达到规定额度减免停车费功能，不断释放充电红利，在吸引用户的同时也很好地化解了老旧小区内停车难的问题。

项目成效

拓展解决民生问题路径

智慧路灯杆项目为老旧小区车位紧张、产权车位少、报装难、私拉乱接等痛点问题提供了更高效的解决方式，并通过充电减免停车费、充值充电费用满减等优惠措施，将更多的电动汽车引流至小区周边道路泊位，在解决居民充电需求的同时也缓解了老旧小区内部停车难问题。在试点项目小区，已在1个老旧小区试点，建成9基智慧路灯杆，累计提供充电服务2700余次，单桩日均充电量达30.17千瓦时。按照当下的收益水平，5～6年即可收回成本，实现盈利。在对小区业主的调研中，超过80%的车主认为智慧灯杆有效缓解了他们的充电焦虑。

智慧路灯杆模式限制条件较少，推广性强

提升居民生活安全指数

老旧小区由于停车难、充电难问题的存在，常常出现电动汽车车主从家里、电表箱表后拉线至家楼下充电情况，影响小区美观的同时存在严重安全隐患。由于无法满足充电需求，即使物业出面干涉也无济于事。通过拓展老旧小区停车充电位，可有效减少小区充电私拉乱接现象，降低小区违规充电引发火灾的风险。

助力实现城市治理能力现代化

有效整合公共设施资源，助力美丽城市建设。通过对小区周边道路泊位的路灯杆试点改造升级，建成集照明灯杆、充电设施、视频监控为一体的综合智慧灯杆，实现充电桩、路灯杆和其他公共设施的资源整合，提升了道路整洁度，同时避免了因多种设备电源线私拉乱接导致的安全风险。

有效整合泊车位现有资源，拓展充电设施建设途径。通过利用现有道路泊车位设置充电桩，将部分车辆引流至小区外充电专用停车位上，大大缓解了小区内部停车位紧张问题，同时有效解决建设公共充电点对场地资源要求较高的问题，实现对泊车位现有资源的有效整合和利用。

打造政企合作可持续发展样板

此次政企合作模式的创新是政府部门聚焦市场化运营，鼓励和支持国有企业转型的重要举措，各方着力以市场需求为导向切实解决老旧小区充电难的民生热点问题。通过充分发挥供电公司的电力专业优势和城管部门的城市道路运营管理优势，开拓形成了结合道路泊车位的智慧灯杆充电桩建设样板，为后续在其他老旧小区解决"停车难""充电难"问题提供了新思路和可复制的示范经验。同时智慧路灯杆模式推广性强，只需具备"路灯杆""道路泊车位"两大要素即可建设，场地资源丰富，限制条件较少，宁波市400余个老旧小区周边均具备建设条件。

工作启示及下步计划

未来，国网宁波供电公司将继续主动融入城市充电网络规划，深入调研存在"充电难""停车难"问题的老旧小区，结合老旧小区改造工程统筹规划小区外智慧路灯杆工程，为更多的老旧小区带去充电曙光。并通过应用光储技术、物联网等技术，进一步拓展智慧路灯杆融入城市现代化治理能力提升中去。

智慧路灯杆未来构想

应用光储技术参与源网荷储互动

通过安装光伏板、储能电池等功能模块，结合峰谷电价优化充电策略，探索让智慧灯杆成为互动接口，引导电动汽车参与到新型电力系统源网荷储互动中来，打造更加高效、低碳的智慧灯杆。

积极融入未来社区数字化建设

结合政府未来社区建设，拓展智慧路灯杆数据收集功能，并将充电、监控、报警等多方位信息接入政府"智慧社区服务平台"，打造更加高效、低碳的智慧灯杆，深化城市绿色出行、社会治安、惠民服务等管理。

持续拓展城市智慧路灯杆应用范围

与综合行政执法局等部门深入共建合作，在老旧小区外智慧路灯杆广泛覆盖的基础上，不断扩大智慧路灯杆应用范围。2023年已选取宁波市江北区范江岸路东段，建设9基智慧路灯杆，惠及附近2个老旧小区，截至2023年9月底已经完成土建部分施工。未来三年内计划在宁波江北区推广30基智慧灯杆，覆盖6个老旧小区、3个社区，预计惠及区域内1.5万余人，实现路边停车有杆即可充、随停随充，进一步优化城市充电网络布局。

将"硬"服务变成"软"连接，为"侨经济"发展按下快进键

社会责任根植"侨帮主"助侨微联盟工作新模式

项目实施单位
国网青田县供电公司

项目实施人员
陈智洲　杨杰　胡笑吟　叶辉　丁雨佳
张婷微　胡茜

项目实施时间段
2022年1月—12月

项目背景

青田是著名"侨乡"，旅居世界各地的青田人达33万，分布于世界120多个国家和地区，全县华侨数量占当地户籍人口的58%。在国网青田县供电公司服务的客户中，78%的低压用户具有华侨背景，69%的高压用户由华侨投资。本行动立足"把握华侨心理、解决华侨诉求、发挥华侨优势"，以"精准服务华侨"为根本出发点和落脚点，线上开发办电微平台，实现国内业务海外办；线下创设海外营业厅，实现海外业务国内帮，将线上线下、国内海外的资源充分整合。在实现资源互联互通的同时，将服务延伸到华侨归国安居和二次创业的"一揽子服务"，引领华侨资本回归，推动盘活地方经济，通过积极履行社会责任，在国际上树立央企良好形象。

对于正处在经济结构调整与转型关键时期的青田县而言，如何有效盘活华侨的产业资源，激发创业创新活力，提升青田县对侨商的吸引力，是青田县亟待思考的问题。而作为公共服务型企业，国网青田县供电公司如何利用社会责任思维，发挥自身专业优势，携手利益相关方搭建服务平台，促进华侨回国创业，是本项目聚焦的关键。

线上线下精准服务华侨

思路创新

坚持问题导向,寻找投资环境的突破口

在与华侨进行供电服务的沟通和调研过程中,国网青田县供电公司发现,电力服务只是华侨考量是否归国创业的很小一部分因素,青田本地整体的创业投资环境才是吸引华侨归国发展的动力所在。国网青田县供电公司站在利益相关方视角,主动了解和分析华侨归国创业最为关心的问题和需求,运用投资环境多因素分析工具,通过文献调研和利益相关方沟通等方式,系统分析青田县整体的投资环境现状和问题,寻找供电公司优化青田投资环境的切入口和突破口。

坚持变化导向,满足华侨特殊用电需求

"经济发展,电力先行"。电力保障的安全性和可靠性、电力服务的先进性和优质性,是招商引资和企业入驻的必备基础设施条件之一。国网青田县供电公司从自身业务出发,通过对华侨相关办电业务情况进行梳理,发现海外华侨存在基数大、分布广、流动快等特点,受到距离、时间的限制,在供电服务上有着有别于一般客户的特殊需求和困境。

缺少沟通对接平台

在本根植项目实施之前,海外华侨办理电力等国内业务时,只能有两种选择方式:
· 亲自回国办理;
· 请国内人代为办理。
以供电服务为入口,打开相关服务领域,建立更有效、更契合的沟通平台,是解决目前侨商办理业务时存在的难对接、难沟通、难跟踪服务困局的关键。

缺欠华侨定制服务

华侨对用电服务的诉求主要分为两个层面:
· 停电报修、用电新装等普通需求;
· 回乡投资新能源领域、办理国外用电业务等特殊需求;
· 界定华侨主体利益方诉求,构建华侨定制服务是清除供电服务盲区的核心。

缺乏协同服务机制

· 由于服务华侨的各相关政府职能部门、民间服务中心往往各为其职,只进行自身相关的政策发布、解释和业务推进,导致业务管理断层问题时有发生。
· 需要将与华侨相关的利益相关方诉求和优势进行考量和应用,打破独立平台的运作单一性和目标偏向性,真正架起华侨和利益相关方共通共赢的渠道。

沟通共赢

利益相关方诉求分析

利益相关方	参与意愿	诉求	面临的困境
县侨办	非常强烈	· 提升服务增效性 · 提高"只跑一次"含金量 · 整合资源，提升办事速度	· 聚焦涉侨用电需求 · 解决户籍、子女就学、医疗等问题 · 缺乏协同服务机制
同乡会	非常强烈	· 设置国内业务受理点	· 业务受理介绍服务
招商局	愿意	· 扩展市场 · 吸引更多的外来资源 · 专门的就业指导	· 产业配套资源 · 人才教育力量
国外能源局	愿意	· 开拓国内外能源市场 · 搭建"招商引资资讯"模块	· 新能源市场资讯 · 电能替代助侨商能源消费新模式
供电企业	非常强烈	· 与服务华侨的各相关政府建立共通共赢的聚道 · 办理用电业务不再受时空和国界制约 · 塑造责任品牌形象	· 缺少沟通对接平台 · 电力服务政策 · 专业电力服务
华侨	非常强烈	· 回乡投资新能源领域 · 跨国实现用电业务办理 · 构建华侨定制服务 · 国内留守的老人和小孩应对用电故障问题	· 时间限制 · 对所在国家用电信息等情况的不了解 · 缺少咨询办理政策等信息渠道

主要做法

开发"侨帮主"办电微平台，实现国内业务海外办

针对华侨用户的几类特点，依托"网上国网"App，自主研发"侨帮主"小程序，特别添加"青田话"语音服务功能，用于更好地向华侨用户提供国内业务海外办理服务，分别从平台运营、内部管理和配套保障三个方面进行流程再造和体系重塑。

健全以"全过程服务"为核心的运营体系

在"侨帮主"后台设专人办公，对外负责与客户沟通，提供业务咨询，受理客户业务申请，反馈业务办理结果，定期推送用电服务、电能替代等服务信息；对内负责将客户业务申请发给相关专业工作人员办理并协调、跟踪、催办流程进度，定期更新"侨帮主"发布信息。

用户在供电公司营业厅办理用电服务

健全以"全流程管控"为手段的管理体系

对"侨帮主"涉及的所有业务流进行梳理，并结合平台运行情况对流程进行动态优化和完善，构建职责体系，明确各个流程环节的责任岗位、工作内容、流程时限、制度规范，实现准确的职责内容、清晰的权责界面和规范的职责管理，做到事事有依据。

健全以"全专业联动"为支撑的保障体系

各专业部门，根据职责分工，分别做好绩效激励、工作考核、品牌塑造、宣传推广、制度建设、后勤支持等相关工作，实现"大后台"功能，推动"侨帮主"工作体系高效有序运转。

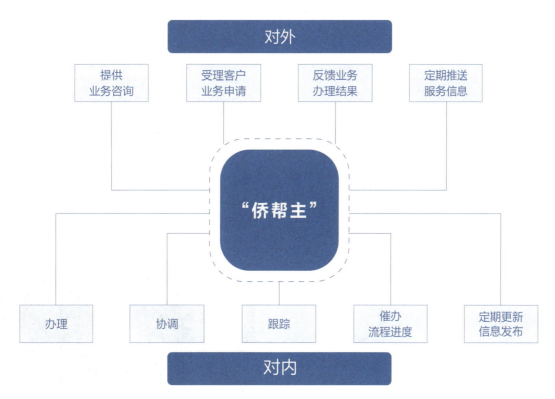

成立"侨帮主"办电微平台

创设"侨帮主"海外营业厅，实现海外业务国内帮

建立"海外营业厅"线下全开放工作网络，作为"侨帮主"特色服务在海外的实体阵地，对华侨提供国外电费账单翻译、电费电价信息解读等帮助。

○ 充分利用分布在海外各处的青田同乡会资源，通过他们收集海外华侨涉电需求。

○ 组建"侨帮主"华侨联络员队伍，聘请离职出国人员或在属地国有一定威望的华侨作为"国网青田县供电公司侨界联络员"，负责公司与海外华侨的沟通联络，了解相关信息。

○ 与国外成熟运营的节能公司（售电公司）展开常态化合作，实现信息互通、服务共享，确保第一时间能够掌握当地华侨的涉电信息，为提供精准服务做好准备。

"海外营业厅"依托青田同乡会、华侨联络员队伍和国外能源公司，从三个不同的维度构成立体式服务网络，有效解决了海外华侨办电和用电难题，同时也作为对外宣传窗口，让海外华侨知晓国家电网公司海外控股公司的情况。

立体式服务网络

建立同乡会资源共享机制

通过县侨办积极与各青田同乡会沟通协商，在39个同乡会设置国内用电业务受理点，由同乡会负责对华侨身份进行认证，国网青田县供电公司以往离职出国人员或同乡会工作人员负责收集华侨国内办电业务信息，定期将受理的用电申请资料打包发给"侨帮主"办理。

建立联络员队伍协同机制

聘请16名威望高、经验足的华侨，组建起一支灵活高效的侨界联络员队伍，出台了《国网青田县供电公司侨界联络员实施方案》，明确侨界联络员的联络机制和工作职责，即主要负责在海外帮忙宣传推广"侨帮主"海外华侨办电服务平台，收集海外华侨对供电服务的意见建议并定期反馈给国网青田县供电公司。

建立三方联络员队伍协同机制

建立相关方海外合作机制

与位于西班牙的华人能源公司"Lumisa"建立战略合作关系，帮助国外的电力公司"讲好中文"，方便他们更好地服务海外华侨，同时也能与合作方实现资源共享，第一时间掌握青田华侨在海外的涉电动态与需求。

2020年，"新冠"疫情席卷全球。意大利当地时间4月6日14时，一批来自中国的口罩在米兰华人街免费发放。口罩发放没有国籍、地域限制，吸引了众多米兰市民前来。拿到口罩的米兰市民纷纷对工作人员表达感谢，在一声"Grazie"（意大利语，意为谢谢）中，近万只口罩转眼发放完毕。这批口罩来自国网青田县供电公司，由当地"侨帮主海外营业厅"负责接收和发放。为方便当地华侨分发，国内工作人员将口罩每10个包装成一包，并在每份包装上暖心地贴上防疫温馨提示，以及回国返乡的申报流程、24小时咨询热线电话。由于国际物流运输受限，口罩辗转二十多天才抵达米兰等地。此时，意大利疫情严重，药店货品相继断货。"侨帮主海外营业厅"决定将口罩不分国籍、不分地域地发放，并通过"意大利华人街"等微博发出领取通知。意大利当地天空电视台、COR-RIERE TV等媒体相继报道了"侨帮主海外营业厅"免费发放防疫物资的活动。许多意大利市民也在社交网站上晒出自己拿到口罩的照片，并留言感谢中国人民。工作人员还将部分口罩送到了当地警察局，以表示对他们工作的支持。

意大利米兰市民在"侨帮主海外营业厅"窗口前，排队领取防疫物资

建立"侨帮主"助侨微联盟，实现"效率效益再扩大"

在"侨帮主"办电微平台和海外营业厅的基础上，国网青田县供电公司以提供优质的供电服务为基本出发点和落脚点，创新提出"侨帮主"助侨微联盟概念，将服务延展至华侨回国创业的"一揽子服务"，"以电带面"助推公共服务进一步优化，提升侨商回国创业办事效率与服务体验。通过与县侨办、同乡会、招商局、商务局、市场监管局等组织机构的密切合作，构建"AWA（Abroad-Wechat-At home）"国内外联动、多方协同参与的服务模式，积极主动整合社会资源，不断推动"侨帮主"办电微平台向"侨帮主"助侨微联盟转变，在立足本职做好"自转"的同时，积极与政府相关部门加强沟通合作，进行有效的"公转"，既为海外华侨电力用户解决供电需求，也一并帮助他们解决政策解读、归国投资、公共服务等其他社会民生问题，实现海内外供电服务到回国创业一揽子服务的全面升级。

构建"AWA"国内外联动、多方协同参与的服务模式

"侨帮主"助侨微联盟想政府之所想、愁侨商之所愁，以相关涉及部门群体为工作核心，常态化进行联系和沟通，对应"侨帮主"收到的用电申请、办电咨询和信息发布等内容进行相关政策的有效沟通，做到"时时更新、事事跟踪"，确保相关信息、政策的权威性和准确性。国网青田县供电公司与政府各公共事业部门携手，逐步完善"侨帮主"其他功能模块、服务机制和服务平台，在将协同服务延伸至华侨回国创业的"一揽子服务"的同时，有效破解了"办证多、办事难"这一困扰基层群众的大难题，进一步提高了公共服务质量和效率。久居国外的侨商，通过"微联盟"迅速熟悉国内市场环境、了解国家法律法规、适应国内创业创新文化，及时发现和捕捉投资机会。

突破时空限制，拉近了服务距离

将服务内容从办理国内业务延伸至办理国外业务，华侨只需通过"办电微平台"或者"海外营业厅"就可以在国外解决各类涉电需求，不再受时空和国界制约，畅享"零距离"服务，免去了请人代办或自己回国办理的麻烦，使用电业务办理更便捷。

突破传统限制，拓宽了服务载体

将同乡会发展为海外办电业务受理点，使其不仅成为凝聚会员和沟通互助的桥梁，更成为华侨委托办理用电业务的有效载体，让同乡会及海外电力公司真正成为华侨办理用电业务的代办点，成功将服务版图向海外延伸。

为侨博会提供电力服务

▎**突破人力限制，创新了服务元素**

引导各界青田侨领和公司离职出国人员变身虚拟客户经理，让他们成为推广宣传供电服务的媒介，并结合自身的人脉优势和专业知识，帮助其他华侨通过"侨帮主"办理业务，离职华侨群体成为公司新增人力资源，为优质服务发展注入了新鲜血液。

▎**突破职能限制，提升了服务效率**

携手政府各职能部门、公共事业单位以及非营利机构，打破职能界限和专业壁垒，形成服务联盟，积极响应省委省政府对于行政审批"最多只跑一次"的要求，综合提升服务水平和办事效率，在服务流动人口中同样具有较强的参考性和推广价值。

项目成效

▎多重价值

经济价值	华侨通过"海外营业厅"线上办理相关业务，优化了地方发展环境，提升了地方软实力，有助于吸引和鼓励在外青商的资金回流、企业回迁、人才回乡，为青田经济发展注入新的活力。
	2018年9月以来，"海外营业厅"已吸引了2000余名华侨回乡投资创业，涉及业扩报装容量1万余千伏安，为青田引进侨商资金5亿余元。
	青田县"华侨要素回流工程"落地，带动更多的华侨回乡，为精准扶贫、乡村振兴、慈善事业贡献侨力，近五年累计引进侨商项目近百个，实际利用侨资130亿元，华侨累计捐赠家乡公益事业3亿元。
	青田开展的"百个侨团结百村""千名华侨共治水"等活动中，共有101个海外侨团结对103个行政村，捐赠各类帮扶资金300万元。

社会价值	"海外营业厅"定期推送青田招商引资最新咨询，加强了招商引资和经济合作工作方针、政策的宣传力度。
	海外华侨不仅可以网上办理用电申请，更能享受到回乡创业相关流程办理的一站式服务，有效解决了华侨因身在国外或一次回国时间短需要多次回国办理相关证件手续的问题，减少了华侨到达现场办理业务的次数，缩短了华侨办理相关程序的时间，让海外华侨回乡创业变得更轻松。
	促进了经合、经信、商务、侨办、台办、侨联、工商联等部门，以及海外侨联等利益相关方的横向联系和联动合作，加强相互配合支持，提升政府和公共事业单位的办事效率，并形成了全县上下齐心促进侨商回归的良好氛围。

环境综合价值	截至2022年7月31日，国网青田县供电公司已在意大利、西班牙等国家设立了27个"海外营业厅"，不仅帮助海外华侨解决了回乡创业的涉电困扰，更积极提供力所能及的志愿服务，为当地居民解决生活问题，实现了国家电网公司意识形态的对外输出，展现了央企"顶梁柱""大国重器"的良好形象。
	据不完全统计，"海外营业厅"近三年累计服务侨商侨眷及外国友人超10万人次，服务举措不仅得到中央电视台《朝闻天下》栏目、人民日报等权威媒体的关注和报导，也收到西班牙青田同乡会、意大利《新华时报》等海外侨团、媒体的好评，有力彰显了国家电网公司敢担当、善作为，履职尽责、向善向上的责任央企形象。

▌利益相关方评价

> "海外营业厅"构建了"互联网+华侨服务"新模式，希望能够优化平台功能，架设起一张往来全球、连通世界的服务之网、友谊之网、发展之网。
>
> ——中华全国归国华侨联合会

> 我们与国网青田县供电公司签订战略合作框架协议，携手"侨帮主"海外营业厅，为旅西华人提供"私人定制"电力服务，我们会再接再厉，争取走的更高更远。
>
> ——西班牙首家华人能源企业Lumisa公司

> "海外营业厅"的各项涉侨服务不断升级，助力青田这座和世界接轨的城市打造更好的生活环境、创业环境，让我们海外游子放心回家，让我能安心回国投资发展。
>
> ——归国投资光伏电站的华侨

工作启示及下步计划

改善自身工作

国网青田县供电公司将进一步了解侨胞和县侨办、同乡会、招商局、商务局、市场监管局等利益相关方的诉求，总结提炼"侨帮主"在使用中遇到的问题，对微信平台的功能和公司能为侨商回归提供的服务手段持续进行优化和提升，以加强公司自身的公共服务和市场服务能力。如考虑推行"一定三通"管理模式，一是通过各方签订《"侨帮主"一站式服务责任协定》，明晰界定各相关单位、各岗位人员责任，二是新增"诉求直通""服务直通""评价直通"三联模块，通过华侨侨眷提出诉求、各单位开展服务、华侨侨眷评价点赞"三步走"的方式，实现服务标准单位包片包责、服务诉求闭环化管理。同时，国网青田县供电公司也将进一步提升公司社会服务能力，加强与教育系统、教育和儿童类非营利机构的合作，关注和解决青田县"留守儿童"的学习、成长、心理健康等方面问题，解决侨商在外创业后顾之忧，增强其对青田县及供电公司的情感认同。

加强传播推广

国网青田县供电公司将"以电带面"，对项目的成果和经验进行推广传播，进一步扩大相关利益方的"微圈子"，带动更多利益相关方参与到优化侨商创业生态圈的工作中，力促实现社会资源的最佳配置。同时做好大众传播工作，邀请媒体参与体验"侨帮主"微信号，参与"点亮心灯——关爱华侨留守儿童心理健康"公益项目等，让其对"侨帮主"为青田县乃至浙江省经济社会发展所能带来的正面影响产生积极响应，并对项目进行持续、深入报道，让更多人了解国网青田县供电公司引入社会责任理念，为引领华侨资本回归、助力浙江经济转型升级所履行的责任。

"绿色采购"
带动供应链"添绿"又"增金"

社会责任根植绿色供应链管理模式创新

项目实施单位
国网浙江物资公司 国网绍兴供电公司

项目实施人员
吴波 李统 杨岸涛 崔灿 闫鑫

项目实施时间
2022年1月—2023年10月

项目背景

2021年3月15日，习近平总书记在中央财经委员会第九次会议上，对碳达峰、碳中和作出重要部署，强调构建以新能源为主体的新型电力系统，明确新型电力系统在实现"双碳"目标中的基础地位，为能源电力发展指明了科学方向、提供了根本遵循。

实现"双碳"目标，能源是主战场，电力是主力军。落实"双碳"目标、保障新型电力系统建设顺利开展，亟需加速推进产业链供应链绿色低碳转型，有效提升供应链的发展支撑力、行业带动力和风险防控力。然而，由于电力供应链规模大、主体多、链条长，供应链低碳转型面临全局性挑战。因此，如何充分发挥供应链核心企业优势，有力推动供应链各参与主体采取共同行动，在保障实现供应链持续安全稳定、绿色可持续发展的同时，带动链上参与主体共同发展，实现电力供应链"添绿"又"增金"，需要新的探索。

上游低碳发展水平需提升	中游低碳管理质效需增强	下游低碳应用意识需提高
中小微供应商企业数量大，但资金、技术薄弱，高额的低碳转型成本和不确定的转型成效，导致其绿色低碳转型的意愿较低、能力较弱。	随着采购规模、采购金额、业务类型的快速增加，传统供应链管理服务工作压力增大，供应链管理环节降碳日益重要。	信息互通渠道缺乏以及绿色低碳管理意识不足，影响了绿色物资设备的开发、推广和应用，物流、仓储、回收等环节的低碳管理容易被忽视。

供应链低碳转型难点问题分析

面对上述系统性难题，国网浙江物资公司积极转变管理思路，聚焦供应链管理上中下游不同环节难点问题，通过引入低碳全生命周期管理理念，将"绿色低碳"与"价值创造"深度融入供应链全链管理当中，搭建形成供应链绿色低碳发展利益相关方合作交流平台，持续增强供应链赋能能力，打通互动协同渠道，在推动供应链低碳管理的同时，也让供应链参与主体在低碳发展中切实得到惠益，实现供应链低碳可持续循环发展。

思路创新

践行ESG理念：
从"点状突破"向"全链创新"转变

供应链绿色低碳发展过程中，单靠个别主体、个别管理环节的改变难以有效应对供应链系统性难题。国网浙江物资公司积极转变工作视角，以践行ESG战略为理念，从供应链全链条视角出发，创新运用国际气候变化相关财务信息披露指南（TCFD）框架，在全面识别和分析电力供应链面临的气候相关的物理风险和转型风险的基础上，深入分析不同环节的管理重点和管理难点，明确不同利益相关方的核心发展诉求，以ESG理念助力绿色供应链实践深化，将绿色低碳理念贯穿于企业从产品生产到运输、储存、使用和报废处理的供应链全生命周期管理过程之中，探索电力供应链低碳转型的"链式创新"路径，促进供应链全链的绿色转型，实现从关注解决单一环节、单一主体的问题向实现供应链全链管理创新的全面突破。

电力行业供应链气候相关风险和潜在影响分析

类型	气候相关风险	描述	潜在影响	影响时期	风险管理举措及应对措施
物理风险	急性	极端天气频发（台风、热浪、极寒等）	· 电网设施设备损坏，影响稳定可靠供电 · 造成供应链断裂，影响物资可靠保障	短期、中期	· 优化设备选型，降低设备自身对自然的影响，提高设备极端天气灾害的抵御能力。 · 对可能受到重大自然灾害影响的供应商提供支持
	慢性	海平面上升	· 沿海地区的供应商的正常生产运营受到影响，继而影响电力供应链的稳定	长期	· 识别高风险供应商，持续优化供应商选择方案
转型风险	政策和法律	市场/产品监管严格	· 设备排放物标准趋严，合规运营成本增加 · 国家碳市场行业覆盖范围扩大，公司业务面临碳排放控制风险	短期、中期、长期	· 实施绿色采购，选择低碳节能高效的电网设备，依托浙江能源大数据中心，加强供应链数字化管理，利用碳足迹采集装置等技术手段推动供应商碳排放管理
	科技	技术研发创新	· 低碳技术研发成本高、难度大	短期、中期、长期	· 以"智网减排贷"金融产品为供应商提供资金支持 · 联合国家绿色技术交易中心为供应商获取及出售绿色技术提供便利
	市场	供应商意识和能力	· 供应商减碳意识较低，绿色发展能力不足	短期、中期	· 优化采购评审标准，通过正向加分激励，提高供应商转型动力
		低碳产品需求	· 项目单位对绿色低碳物资的需求增加	短期、中期、长期	· 通过生态联盟，加强供应链技术、信息的交流互通，及时将下游低碳产品和服务需求信息进行传递反馈

续表

类型	气候相关风险	描述	潜在影响	影响时期	风险管理举措及应对措施
转型风险	市场	原材料成本上升	· 低碳材料供应紧张、选择有限，造成成本上升	短期、中期	· 通过生态联盟，畅通供应链上下游交流渠道 · 鼓励供应链合作研发新材料、新技术
	声誉	企业品牌形象	· 影响电网可持续发展形象	中期、长期	· 通过综合举措，引导、鼓励供应商绿色低碳转型 · 加强对外沟通交流

工作视角转变

凝聚合作力量：
从"独自苦耕"向"借势借力"转变

充分认识到单靠自身难以解决供应链低碳转型过程中的系统性难题，国网浙江物资公司有效发挥自身供应链核心企业优势，积极与供应链上下游企业、供应链内外部利益相关方（政府部门、金融机构、科研机构）开展多元化沟通，寻找利益结合点、建立资源共享池、打造多方合作网，构建形成内外同参与、上下共协同的供应链生态联动共赢机制，提升供应链的系统性、整体性、协同性，增强产业链供应链协同广度和深度，为供应链上下游推进绿色低碳转型提供了平台和多元支持，协助破解转型难题，通过聚多方合力，实现绿色低碳发展动力和能力的深度提升。

工作方式转变

聚焦共赢目标：
从"业务提升"向"价值共赢"转变

国网浙江物资公司将"价值创造"全面、有机融入供应链管理过程当中，既要实现采购效率和采购质量基础业务管理水平的提升，也进一步关注业务管理过程中的环境和社会价值创造。同时，既关注供应链低碳管理对于绿色发展和环境保护的重要价值，也关注在低碳发展过程中对于不同环节、不同参与主体所创造的经济价值和环境价值，让供应链参与主体都能够在低碳转型过程中实现绿色发展与经济效益共提升，在有效保障供应链的发展支撑力、行业带动力、风险防控力的同时，增强供应链低碳转型的可持续性，实现经济、环境、社会综合价值最大化。

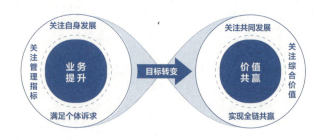

工作目标转变

主要做法

全链精益分析
——把握各方诉求，探索合作空间

国网浙江物资公司从供应链全链视角出发，深入分析电力行业供应链低碳转型过程中涉及的利益相关方，持续开展利益相关方沟通交流等活动，了解不同利益相关方的关注重点及核心诉求，掌握不同参与主体的优势资源，为后续项目合作实施和顺利推进奠定基础。

电力行业供应链低碳转型利益相关方诉求分析

利益相关方	参与意愿	核心诉求	优势资源
供应商	非常强烈	· 降低转型及经营发展成本 · 提高市场竞争力 · 拓展市场发展空间 · 获得资金、技术支撑	· 产品服务优势
供电公司	非常强烈	· 保障电力可靠供应 · 服务供应链企业发展	· 技术优势 · 电力服务优势
项目单位	非常强烈	· 提高设施设备绿色水平 · 保障物资可靠供应	· 技术优势 · 物资设备选型评价 · 市场优势
政府部门	非常强烈	· 营造良好市场环境 · 支持企业可持续发展 · 保护生态环境，降低环境污染	· 政策支持优势 · 组织协调优势
金融机构	非常强烈	· 获取高品质客户 · 降低绿色金融风险	· 资金优势 · 金融服务优势
行业协会	非常强烈	· 推动行业转型发展 · 加强行业交流沟通	· 组织协调优势 · 行业影响力 · 行业评价标准
科研机构	强烈	· 强化科研创新 · 促进科研成果转化	· 技术优势
媒体	强烈	· 获取优质新闻素材	· 传播优势 · 舆论影响优势
社会公众	强烈	· 保持电力稳定供应 · 保护生态环境	· 舆论影响优势

上游多维赋能
——绿色低成本，低碳有效益

聚焦供应商绿色发展能力不足和意愿不强问题，国网浙江物资公司将供应商纳入低碳管理过程当中，重塑供应商管理理念，实现从以产品为中心的供求关系向以低碳可持续发展为核心的伙伴关系的转变。通过发挥自身平台价值，主动联合政府部门、金融机构、国家绿色技术交易中心、浙江能源大数据中心等单位，构建多元赋能平台、搭建赋能生态圈，不断加强对于供应商低碳发展的全方位支持，让企业绿色发展低成本、高效益，促进并支撑供应链上游企业实现低碳转型。

国网浙江物资公司研发国内首套电力供应链碳足迹采集装置

标准引领，助力市场拓展	资金支持，解决后顾之忧	技术奠基，强化转型动能
将绿色工厂目录（工信部）、绿色供应链管理企业目录（工信部）、环境管理体系证书、能效管理体系证书（经国家权威机构认证的三方机构）等纳入采购评审要素，增强绿色企业的市场竞争力，为其提供更广市场前景。	联合英大集团定制"智网减排贷"等绿色金融产品，积极为中小微企业提供授信、贷款等金融服务；研发应用国内首套电力供应链碳足迹采集装置，主动与浙江省能源大数据中心开展协作，保障能源消耗和碳排放数据的真实性、准确性，为地方金融主管部门推出多项绿色金融优惠政策提供支撑。	联动国家绿色技术交易中心，鼓励支持企业参与绿色技术交易和交流，在降低绿色技术的获取成本的同时，促进企业先进绿色技术推广应用，实现绿色技术供需的"双向奔赴"。

中游低碳采购
——全程数智化，服务高效化

聚焦供应链低碳管理质效问题，国网浙江物资公司创新供应链管理，联合国网绍兴供电公司、国网嵊州市供电公司创新团队，优化供应链管理模式，充分依托数智化技术手段，提高供应链管理效率，增强供应链管理透明度，降低供应商各类成本，减少供应链管理环节本身的碳排放。

全流程电子化招标现场

采购数智化	采购低碳化
通过智慧采购数字机器人建设，实现结构化投标、智能辅助否决、智能辅助评分、智能开标查询四大功能，公正、高效评判供应商绿色发展水平，推动绿色产品、绿色企业评价结果与采购联动。	通过移动服务平台建设，实现供应商履约单据签署、中标信息推送等20余项功能，服务供应商"一次都不跑"，减少供应商差旅成本和差旅过程中碳排放；同时，通过电子档案管理系统，实现招标文件及过程资料的"单轨制"归档，减少纸质化档案，实现采购管理环节的节能减排。

下游循环互通——闭环管理，综合利用

聚焦供应链低碳闭环管理难题，国网浙江物资公司引入低碳全生命周期管理理念，将低碳管理理念和行动延伸至下游物流、使用和回收利用环节，在国网绍兴供电公司和国网嵊州市供电公司成功试点的基础上，在全省范围内推广应用。

供应商大会现场

常态沟通，双向互动

组织开展供应商与物资使用单位的常态沟通和技术交流，沟通物资使用和项目推进过程中的低碳发展需求，了解物资设备使用过程中的低碳效能，实现信息的及时互通。

绿色物流，深入降碳

提出国家电网公司首个节地、节水、节材、节能"四节体系"，形成绿色仓储建设标准，开展智能路径规划，预计每年可减少配送里程约13500千米。推广绿色包装，制订物资最小包装标准、仓储单元化标准，每年可节省耗材和人工搬运成本约3000万元。

绿色回收，综合利用

编制《报废物资处置全流程作业指导书》，规范全省报废物资集中处置流程，创新危废框架处置模式，实现废旧物资的综合有效利用。完成全生命周期绿色闭环管理，推动循环经济的同时，减少产品碳排放和环境影响。

项目成效

▍全链共同"添绿"，各方携手"增金"

激励链上企业绿色升级。 国网浙江物资公司将绿色采购评审要素纳入招标采购环节，自推广应用以来，以国网浙江电力1614家的材料供应商为例，已有63.4%企业取得环境管理体系认证，53.6%企业取得绿色专利，已陆续推动125家企业取得绿色企业认证，7家企业取得绿色设计产品认证。2022年，国网浙江电力绿色采购金额累计超21亿元，助推产业链绿色转型。2023年绿色采购将从材料类物资扩展到设备类物资，预计将超70亿元。

破解链上企业转型难关。 通过金融产品、技术创新等提升供应商绿色发展能力，解决供应商低碳转型过程中面临的实际风险挑战。定制国网首款绿色金融产品"智网减排贷"，向链上中小微企业授信2亿元，放款6400余万元，扶持"又绿又专"的优质供应商。国内首套电力供应链碳足迹采集装置在浙江正泰公司、浙江电力变压器公司的生产线成功投运，为企业低碳数智转型提供科学决策依据，后续将在仓储物流等供应链各环节应用推广。

实现自身运营降本增效。 通过电子化采购，电子化合同签订等，每年可帮助供应商节约招投标成本超1亿元，其中标书制作费用1500万元、差旅费用6500万元、邮寄费2000万元，每年还可节省耗材和人工搬运成本约3000万元。

推动电网运行低碳高效。 国网浙江物资公司积极推动节能变压器、真空断路器等节能降碳类电网设备物资采购工作。2022年全年共采购一、二级能效变压器6200台，助力实现节能降损。据测算，就浙江省而言每降低0.1%的综合线损率，即可挽回电量损失约5亿千瓦时，相当于可以减少近38万吨的二氧化碳排放。

创新管理方式，助推绿链建设

通过将ESG管理理念融入供应链管理，国网浙江物资公司树立了全新的管理思维，探索形成了新的供应链管理方式，进一步推动提升了国网浙江物资公司供应链管理的风险防控能力，带动了供应链链上企业发展能力和竞争力的提高，增强了供应链的稳定性、安全性和合规性，降低了供应链管控成本，对于加快推进供应链绿色、数智转型，推动供应链由企业级向行业级转变，提升供应链服务能力和水平具有积极意义，为国家电网公司绿色现代数智供应链建设和发展提供了有益探索。

塑造责任形象，促进品牌提升

国网浙江物资公司自实施绿色采购，推动供应链低碳管理以来，受到广大供应商群体和物资使用单位的一致好评，得到了上级领导的高度肯定，被新闻联播、央视新闻直播间、人民日报、新华社等权威媒体报道。

2022年，国网浙江物资公司供应链金融项目荣获第三届中国工业互联网大赛"工业互联网+产融合作专业赛"一等奖；国网浙江物资公司绿色金融产品"智网减排贷"，被评为中国物流和采购联合会"2022年度全球产业链供应链数字经济杰出案例"；国网浙江物资公司获评"2022年度国家中小企业公共服务示范平台"；国网浙江物资公司与国网绍兴供电公司、国网嵊州市供电公司联合开展的基于区块链与物联感知的现代（智慧）供应链风险监督管理项目获评"中电联2022年度电力创新管理成果"一等奖；国网浙江物资公司《"绿色采购"，带动供应链"添绿"又"增金"》荣获2023"金钥匙·国家电网主题赛"金奖。

利益相关方评价

招标采购实施电子化以后，我们节省了不少的标书制作、打印，递交标书等费用，是实实在在替我们供应商省钱。

——杭州华新电力线缆有限公司

"智网减排贷"项目，让我们顺利拿到了专项贷款，公司节能减排，绿色转型发展的信心更足了。

——浙江省乐清市绿能电力科技有限公司

今年我们主动开展了公司的绿色企业认证，就是为了能顺利中标，当然这也是我们公司内部ESG管理的自身需求。

——安德利集团有限公司

央视《新闻联播》播出公司绿色现代
数智供应链建设成果

《人民日报》刊登公司绿色供应链金
融服务为企业绿色转型提供资金支持

《新华社》报道公司供应链数字化建设
成果提升运营质效服务企业生产

工作启示及下步计划

国网浙江物资公司积极转变工作视角和管理理念，有效发挥电力供应链核心企业优势，坚持以绿色采购为引领，以多方合作为路径，以数智赋能为保障，以价值共赢为目标，探索形成了绿色供应链管理服务新模式，增强了供应链风险管理能力，带动了链上主体的共同可持续发展，为推动供应链低碳转型升级提供了一条新的可行路径，实现了从自身的"一点绿"带动

"全链绿"，继而影响"一片绿"的全新转变。

下一步，国网浙江物资公司将积极携手上下游伙伴，不断拓展合作的广度和深度，进一步优化和提升电力行业绿色低碳供应链生态体系建设，为新型电力系统建设提供更强支撑，助力"双碳"目标早日实现。

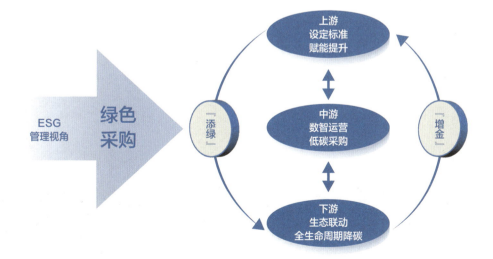

绿色供应链管理服务模式

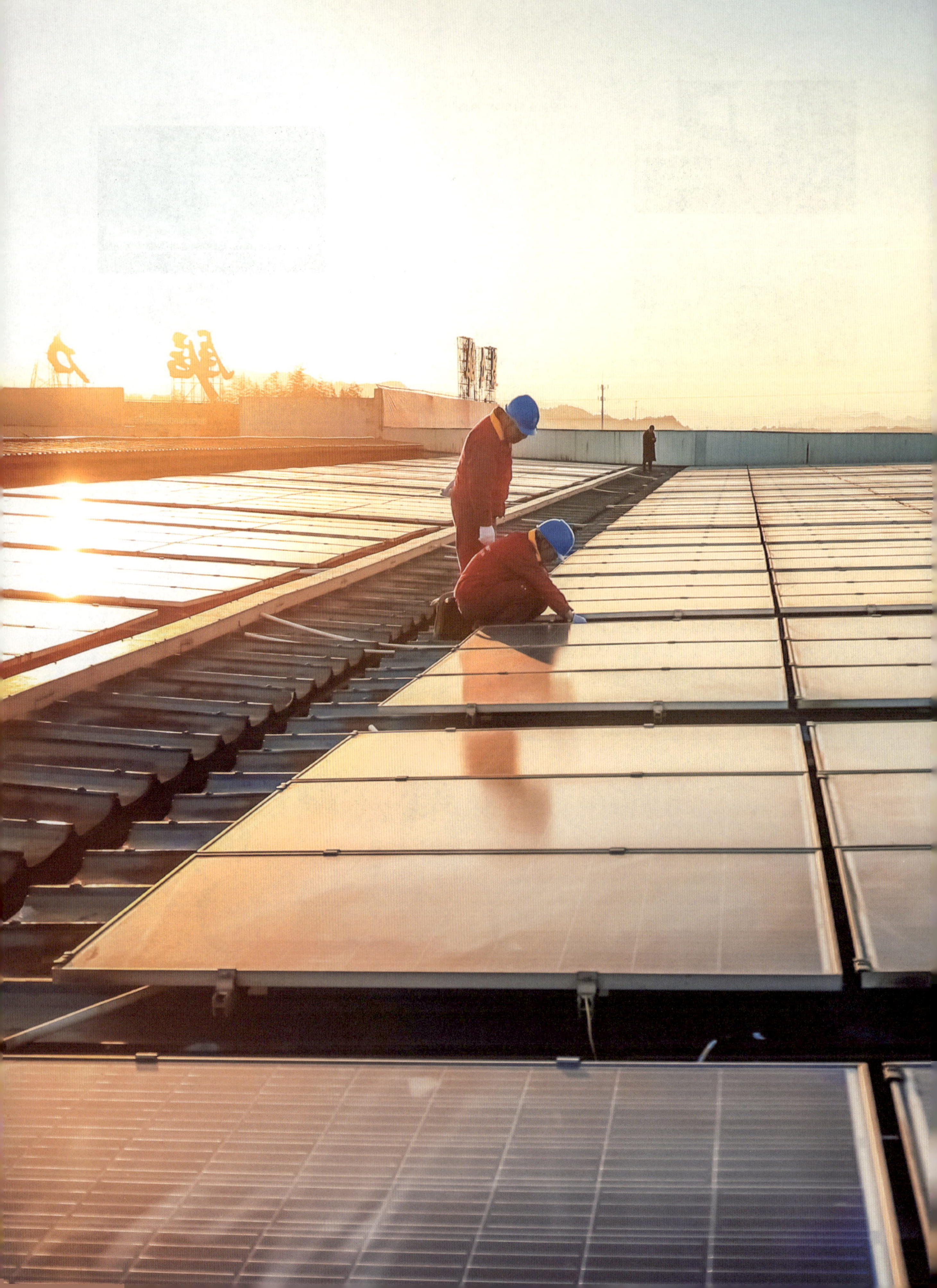

04/服务创新

"无桩充电"+"充电魔方"实现电动汽车充电自由

让城市用能会"呼吸",为高质量发展注入循环动力

"智链电眼"护航纺织产业高质量发展

"氢"装上阵,助推工业园区绿色智慧转型

"转供电费码"+"阳光掌柜",让转供电用能清晰安全更高效

"满天星"让配电房闲置空间化身工业园"分布式数据中心"

"无桩充电"+"充电魔方"
实现电动汽车充电自由

社会责任根植破解老旧小区充电难服务模式创新

项目实施单位
国网金华供电公司

项目实施人员
李 耿　胡建平　宋晓飞　江晓昱　卢 奕
楼诗旭　孙路阳　许雅琪　包 涛　何前晓

项目实施时段
2022年1—12月

项目背景

发展新能源汽车是助力我国实现碳达峰、碳中和的有效途径，方便快捷的充电设施是电动汽车普及推广的基础和保障。浙江省金华市作为全国"首批新能源汽车推广应用示范城市"，截至2022年5月，金华市电动汽车保有量已达2.99万辆，同比增长117.9%。面对电动汽车持有量的快速增长，老旧小区车位少，私人充电桩安装难度极大，公共充电车位又常被油车占用，老旧小区充电难问题日益成为困扰电动汽车车主的首要难题。

具体表现

一是建桩难，充电不自由

难以满足老旧小区内普遍为公共停车位的现状，不符合充电桩报装申请条件，同时土地资源稀缺、公共车位紧张，在地面或地下停车位统一建桩布点势必挤占小区紧张的公共土地资源。

二是占位多，充电不灵活

因老旧小区的车位缺乏管理，公共桩频发"油车占位""满电占位"等问题，导致新能源汽车无法充电，车主只能望"桩"兴叹。

三是工期长，充电不便捷

在老旧小区，新建传统公共充电桩需进行掘路、开挖等土建工程及电气工程，电缆敷设复杂，安装工期长。同时涉及消防、人防、绿化等设施，存在较大施工安全隐患。

思路创新

国网金华供电公司坚持问题导向，通过深入调研、触角延伸、资源联动、成效拓展，结合电网建设的优势整合社会资源，携手多个利益相关方，实现多方合作共赢的同时，创造经济、社会、环境综合价值。

▌根植沟通理念，识别多方核心诉求

国网金华供电公司从利益相关方视角解决充电桩布局不合理及建设难的角度出发，利用自身技术上的优势和电网管理规模优势。突破原先的供电企业"电网运营者"的角色，识别政府部门、小区物业、供电企业、智能充电桩运营商等核心利益相关方。通过采访电动汽车车主，与电动汽车汽车企业开展座谈，对小区居民进行问卷调研等方式，梳理多方利益诉求，积极探索以政府为主导的多元主体共同治理模式。

沟通调研的三种方式

利益相关优势资源及利益诉求分析

利益相关方	参与意愿	核心诉求	优势资源
政府部门	非常强烈	·支撑产业高质量发展 ·推动绿色低碳出行 ·进地方经济发展	·出台相关支持政策 ·协调组织力
供电企业	非常强烈	·推广电能替代 ·确保电力运行安全稳定	·供用电支持 ·充电桩办电支持 ·电力服务政策
电动汽车车主	非常强烈	·精简充电桩办电审核流程 ·充电桩充电费用合理	·新能源汽车购买需求
智能充电桩运营商	非常强烈	·拓展经营渠道 ·增加业务量和市场占有率	·设备技术优势
电动汽车企业	强烈	·推广新能源汽车 ·拓展新能源汽车客户	·专业技术优势
小区物业	强烈	·符合管理费用使用 ·符合小区内部规划	·管理运行机制 ·服务协调能力
科研机构	强烈	·开展技术研究 ·推动科研成果转化	·专业技术优势
媒体	强烈	·宣传热点问题 ·推动科研成果转化	·舆论影响力 ·公信力

根植共赢理念，寻求综合价值最大化

打破传统自转思维模式，将解决"车桩矛盾"的焦点转移到满足各利益相关方诉求上展开分析，将各方所思所需所盼作为工作开展的出发点和落脚点，充分调动各利益相关方积极性，全面盘活各方优势资源，探索多元主体协作建设实现电动汽车车主、充电桩运营商、小区物业和供电企业等各利益相关方共赢新路径，整合各方资源共同解决老旧小区和核心商圈充电桩建设的政策处理和协调问题，推进项目顺利落地。

根植边界理念，明确各方责任分工

在多方合作共建的过程中，坚持"谁专业、谁负责"原则，明确责任分工，把控项目各环节、各流程，确保各方履责到位。国网金华供电公司与金华市发展改革委、住建局、物业签订四方共建协议，明确各方诉求、资源优势、预期收益、风险点等，确定项目合作模式。

各利益相关方角色及分工

利益相关方	角色	工作内容
金华市政府	总牵头方	· 协调处理供电公司、充电桩运营商、小区物业、电动汽车车主等各方困难 · 牵头制订方案，并对整个项目实施进行全过程监督
供电企业	主办方	· 简化充电桩安装办电流程 · 参与方案制订实施 · 制订合理的电费收取模式
小区物业	参与方	· 配合小区充电设施建设，提供便利 · 对业主安装充电桩提供必要协助
充电桩运营商	参与方	· 提供小区充电桩设施安装建设 · 提供充电桩日常运行维护

主要做法

实地调研走访分析，研发电动汽车充电桩产品

国网金华供电公司联合属地发展改革局、住建局，深入走访包括特来电、星星充电等在内的多家充电运营商，调研金华20多个老旧小区物业、业委会、居民对电动汽车充电的需求和体验感。根据调研走访分析结果，国网金华供电公司与充电桩技术厂家共同研发能够适应不同场景需求的智能充电桩，与浙江大学合作共同搭建老旧小区柔性充电策略算法，从硬件和软件双方面出发，共同破解老旧小区充电顽疾，为全社会绿色高质量发展赋能蓄力。

电力运维人员给老旧小区安装吸顶式可移动充电桩

使用新型移动式智能充电机器人给电动汽车充电

集各利益相关方之智，共建充电桩运营商业模式

通过统一标准、聚合资源、提升服务品质、信息互联互通等措施，合作共建智能充电桩运营创新模式，实现"安全、清洁、经济、共赢"。由充电桩运营商（投资方）出资在小区内建设充电桩，物业对小区内的充电设备进行日常运维。由小区物业代替充电桩运营商（投资方）收取车主充电产生的电费，投资方获得由峰谷电价差产生的电费投资回报。运营的回报收益则由小区物业收取30%管理费用，由充电桩运营商收取70%利润。

商业运营模式思维导图

携手利益相关方构建协调运行管理机制

国网金华供电公司邀请金华市发展改革委、住建局、小区物业集成参加工作沟通会，以"共商、共建、共享"为原则，签订四方共建协议，简化建桩审批程序。截至2022年5月，完成柳湖小区40台新充电桩建设，技术升级改造20台旧桩，大幅提升充电能力，携手利益相关方多措并举，拓展充电桩资源，培育虚拟电厂多元用户。

利益相关方签订共建协议

电动汽车参与错峰充电应用界面

项目成效

探索商业模式 减少运营成本

对投资商而言，一个吸顶移动式充电桩成本为1.5万元，移动式充电机器人为3万元。按照每桩每天充电60~80千瓦时，服务费为0.2元每千瓦时，和物业分摊利润后，约4~6年可以回本，回本后每年一个充电桩可获取利润4088元。对物业而言，每桩每天可收入4.8元，一个充电桩每年可为物业收益1752元。对电动汽车产业而言，可有效促进人们购买电动汽车，拉动汽车行业消费升级。

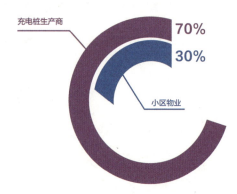

70% 充电桩生产商

30% 小区物业

充电桩生产商与小区物业收入分成比例

促进多方共赢 构建和谐共享

对于电网运行来说，柔性充电策略的使用，有效避免在电网高峰时候充电，有效保护小区变压器不超容量，维护电网安全稳定运行。对于车主而言，能够有效解决老旧小区电动汽车车主充电焦虑，大大减少车主之间的停车矛盾。对于政府来说，提升了城市电动汽车的容纳量，支持《金华市工业高质量发展"十四五"规划》，加快"电动金华"的工作目标。

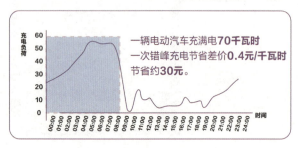

一辆电动汽车充满电**70千瓦时**
一次错峰充电省差价**0.4元/千瓦时**
节省约**30元**。

柔性充电模范策略

助力低碳发展 提升综合效益

通过"无桩充电+充电魔方"模式创新，为电动汽车老旧小区充电难问题提供了新的解决思路，促进民众对电动汽车的购买热情，小区内充电汽车的增加，减少化石能源的消耗以及油车尾气造成的空气污染，减少二氧化碳排放量约4.6万吨，助力百姓低碳出行，促进新能源汽车行业快速、健康发展。

利益相关方评价

"无桩充电+充电魔方"的模式应用得到金华地方政府、电动汽车车主、小区物业、车企等利益相关方的好评，相关成果也先后在央视财经频道、新华社客户端、巴基斯坦国家通讯社等17家国家级省级和海外媒体刊登报道。

两项专利证书

利益相关方评价

这个项目帮助政府解决了老百姓回家"充电难"的民生热点问题，还助力绿色低碳城市建设，提高城市绿电使用。

——金华市建设局

这个项目很好地解决了我们物业对小区电容的安全隐患，零投资又零风险，还有额外的收入给我们，我们非常支持。

——小区物业

这个项目为我们的车主打开一种充电新模式，一定程度缓解了大家在买电动汽车前的充电顾虑，提高用户购买电动汽车的消费热情。

——电动汽车企业

吸顶且能移动的设计形式新颖，这种形式如果能在市面上推广下去，对于充电桩生产厂家是利好优势，能带动整个充电桩行业的经济发展。

——充电桩运营商

国内及海外媒体报道

工作启示及下步计划

接下来，国网金华供电公司将对金华市23个老旧小区进行试点推广应用，之后将该模式推广到全国各城市老旧小区。并围绕车多桩少的城市核心商圈、高速公路服务区，进行推广复制，探索更多的盈利模式和应用场景。国网金华供电公司将携手利益相关方，进一步践行"低碳生活"的理念，迭代优化产品功能，加快智能充电桩标准体系建设，联合商业力量，给予补贴、贷款或税收优惠，协调各方利益诉求，探索更加合理的多方盈利模式，实现绿色出行，促进能源转型，助力"双碳"目标实现。

让城市用能会"呼吸"，
为高质量发展注入循环动力
社会责任根植推进数字化保障电力供需平衡创新应用

项目实施单位
国网嘉兴供电公司　国网平湖市供电公司

项目实施人员
吕一凡　万家建　方景辉　陈望达　俞　涛
朱萧轶　龚以帅　秦成明　吴　佳　钱金跃

项目实施时段
2021年至今

项目背景

党的二十大指出高质量发展是全面建设社会主义现代化国家的首要任务，平湖市积极响应，打造高质量发展创新之城。近年来，平湖市经济总量持续扩大、经济结构逐步完善，产业结构由"一二三"向"三二一"转变，但经济高涨的同时地方高质量发展挑战愈演愈烈。

电网用能调节不足。电力作为城市发展和运行的重要"生命线"，面对产业发展带来用能挑战，现有管理模式、技术手段无法支撑海量可利用能源优化调节控制，电网夏季高峰供电能力和调节能力不足，制约经济发展。

政企用能管理不精。平湖市整体产业结构决定了其经济发展用能需求高、依赖大，政府对于企业的能耗监管缺乏实时数据和有效手段，企业本身对于能源的利用也较

为粗放，节能投入意愿较弱，使得能源利用不精。

环境绿色低碳不够。平湖市经济结构处于工业化阶段中期，以煤炭为主的能源消费结构和相对刚性的能源消费特点，导致碳排放急剧增加，加之拥有全省前列的光伏渗透率，缺乏统一管理，电能波动性过大制约了清洁能源发展，绿色低碳转型遭遇瓶颈。

面临城市经济发展痛点，国网平湖市供电公司主动构建多边合作，摒弃传统调能思维，以城市用能数据汇聚、分析、应用等为切入点，探索用能需求自动调节匹配的运营模式，让城市的用能负荷也能随着需求不断呼吸，有出有进，为城市经济高质量经济发展注入澎湃动能。

思路创新

▍转变传统思维，打造节能降碳新范式

为实现电网的节能降碳，原有的通过投建新能源、储能等设备或通过对发电侧竞争加强监管的模式，容易导致电网可调节性差、处置手段匮乏、调度模式单一、源荷缺乏互动等多种现实问题，无法有效提高资源利用率，因而很难同时实现电网绿色、安全、经济运行。对此，

国网平湖市供电公司摒弃"保供靠增供"的传统思维，创新通过"虚拟电厂"协调源网荷储优化运行，有效推动源网荷储各环节要素深度融合；唤醒更多沉睡的分布式资源，高效利用和促进分布式能源发电，以市场手段促进发电资源的优化配置，增强输电效率和综合能效水平；突破电网发展瓶颈、推动电网升级，实现可持续、高质量发展。

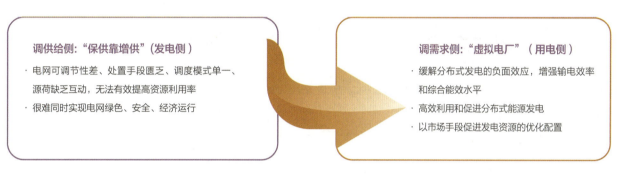

从"调供给侧"的传统思维向"调需求侧"转变

▍携手多方合作，创新共建共赢新模式

国网平湖市供电公司采取整合型合作模式，与平湖市政府、负荷聚合商、源荷储侧用户、第三方机构等利益相关方形成多方合作网络，识别、分析、归纳各方关注点、期望、诉求特点和优势资源，明确各方角色分配及职责权限，以实现共赢局面为合作目标，建立基于优势互补、资源共享、项目共建、互利互惠、分工合作、可持续发展的模式，探索建立统一调度全社会各类清洁能源的"虚拟电厂"。

"虚拟电厂"多方共建共赢新模式

创新运营方式，实现政策技术双驱动

国网平湖市供电公司打破原有类似平台的运营模式，以政企联建的全省首个县域级负荷管理中心为依托，在创新研发大数据平台新技术的同时积极寻求政府政策支持，培育"政府引导+市场参与+企业运作"的工作模式。政策层面推动社会低碳治理、能源高效利用纳入政府自身体制改革项目，并将虚拟电厂建设纳入平湖市政府2023年3个"一号工程"中，配套"电力–经济"政策应出尽出、落地见效，运用虚拟电厂对光伏、储能的

耦合促进作用，全力打造平湖市"五位一体"综合示范项目，保障全市用电需求。技术层面以"电力负荷管理中心"为大数据支撑核心，搭建"虚拟电厂"系统平台，汇聚分布式光伏、新型储能、5G基站、空调柔性调控、智慧楼宇、电动汽车充电桩建设六大负荷资源和数据，实现对全市现有可再利用资源的统一集中高效调配，全社会共享各行业各自的清洁能源资源，建成最大可调负荷资源池规模达到全市最高负荷的10%以上，以降低单位GDP能耗的方式实现消费侧节能降碳。政策支持与技术手段双管齐下，为高质量发展夯实基础。

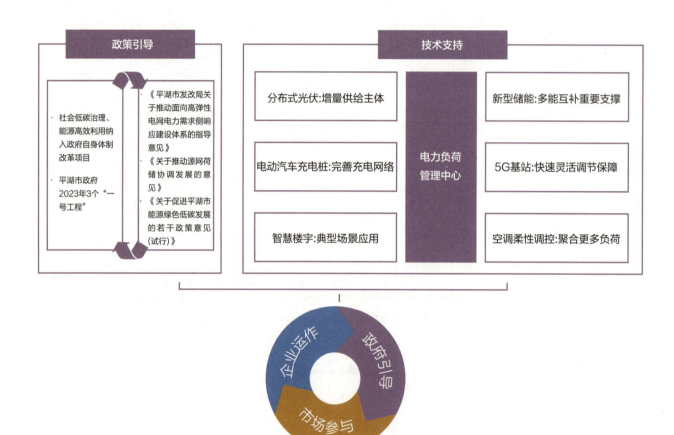

政策引导和技术支持"双驱动"运营模式

主要做法

联合内外相关方，实现"电联盟"

国网平湖市供电公司通过内部构建坚强组织、外部聚合合作伙伴，建立"广泛参与、内外相融、共建共享"的多方合作"电联盟"。一是合作共赢，明确相关方期望

与分工。国网平湖市供电公司主动沟通利益相关方，全面了解利益相关方诉求、期望及优势资源。二是发挥专业优势，坚强内部组织。发挥供电公司的优势资源和核心实力，建立"纵向贯通、横向协同、全面覆盖"的组织网络体系。三是政企合作，推动政策落地见效。

利益相关优势资源及利益诉求分析

利益相关方	参与意愿	核心诉求	优势资源
政府单位	非常强烈	· 经济增长、清洁替代、用电平稳、科学管理负荷	· 政策制定权 · 统一协调管控能力 · 市场监管权
供电企业	非常强烈	· 保障电力供需平衡 · 保障电网安全运行	· 电力专业优势 · 电力数据优势 · 用户沟通优势
负荷聚合商	非常强烈	· 获得需求响应运营收益	· 能源集中管理能力优势 · 灵活的市场参与
源侧用户（光伏、沼气发电、自备电厂等）	非常强烈		
荷侧用户（工商业企业、中央空调用户等）	强烈	· 实现供需就地平衡、安全稳定自我保障 · 提高能源利用效率 · 获得需求响应收益	· 市场规模优势 · 拥有大量的可调负荷资源
储侧用户（5G基站、冰蓄冷、新型储能等）	强烈		
第三方机构等	强烈	· 保持长期良好合作关系 · 获得收益	· 研发领域专业优势 · 数字化技术优势

搭建平台"虚拟电厂"，实现"有处调"

统筹规划，明确平台新模式新方向

国网平湖市供电公司聚焦能源发展新理念，提出"创新引领、经济绿色、协调精准、融合高效"的能源发展新理念，推动电网由传统的电源适应负荷模式向源网荷储协同互动模式转变。一是坚持"创新引领"，运用"大云物移智链"先进技术赋能电网，充分适应"互联网+"智慧能源环境。二是坚持"经济绿色"，有效降低投入，减少碳排放。三是坚持"协调精准"，构建定位精准、需求精准、分配精准、方案精准的响应模式。四是坚持"融合高效"，推动能源流、电力流、数据流高度融合。

"虚拟电厂"聚焦能源发展新理念

规划发力，建设聚能调能双平台

打造资源广域聚合、交互互动、灵活调节、敏捷调度的中枢神经。研发虚拟电厂平台、智慧调度平台两大平台，实现全景展示可视化、计算分析可视化、过程管控

可视化、运行效果可视化，充分放大平台的及时性、专业性和延展性优势，推动生产方式更加精益、信息获取更加便捷、管理模式更加高效、能源消耗更加绿色，通过平台支持，实现以电为中心的多能源灵活转换、互通互济及资源共享。

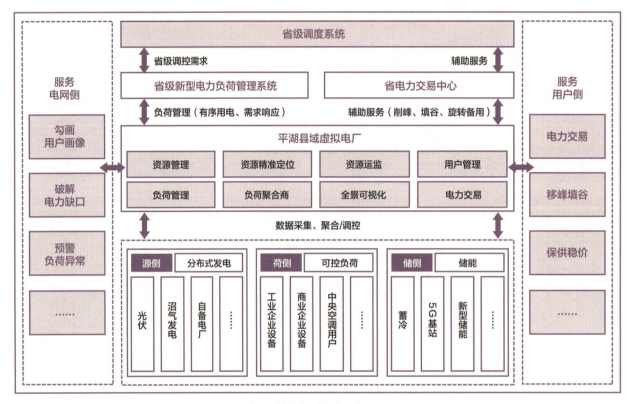

"虚拟电厂"运作示意

汇聚多种资源"一张网"，实现"有电调"

通过虚拟电厂平台，基于用户侧资源负荷特性，汇聚分布式发电、储能、工业、综合园区、商业、居民6大类18小类用户侧资源在内的225兆瓦可调节资源，具备5兆瓦秒级、38兆瓦分钟级、11兆瓦小时级和171兆瓦日级有功调节能力，启用分钟级虚拟电厂调节终端14套，打造负荷资源池，形成能源"一张网"，让能源"无中生有"。国网平湖市供电公司主要通过以下三种做法汇聚五种可调资源：一是"源侧"全面排摸；二是"荷侧"持续拓展负荷品类；三是"储侧"强化战略合作寻求突破。

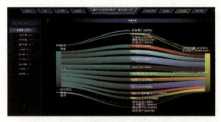

源网荷储资源"一张网"

嘉兴市"三位一体"综合示范项目暨5G基站
精细化用能管理战略合作签约仪式

打造个性保障"一张图"，实现"精准调"

组建网源荷储一体化配网运营中心，推进辖区电网营配调图模数据融合。引入配电自动化系统即时遥信、置位信息，有效感知配网运行方式调整，打通电力调度、配电自动化系统等数据接口，获取网架动态调整、辖区负荷预测、供电能力异常等负荷调节关键数据，构建可调资源与电网拓扑节点的动态映射，实现精准监测、远程控制、快速响应。

| 需求响应前，"一键用户筛选" |
| 需求响应中，"一键负荷监控" |
| 需求响应后，"一键补贴生成" |

"一键响应"三个"快捷键"

供电公司开展企业保障服务

供电公司员工指导工业企业响应虚拟电厂邀约

创建需求响应"快捷键"，实现"高效调"

国网平湖市供电公司探索出一种基于社会化负荷聚合的全新商业运营模式，通过虚拟电厂创建"一键响应"三个"快捷键"，解决省级集中需求响应模式下用户报量报价难等问题，为电力用户开展精准响应创造了条件，实现了需求侧与电网侧双赢，引导全域资源高效调配。

建立市场合作"新机制"，实现"长效调"

以虚拟电厂为枢纽，推动资源层、市场层打造形成"聚合–协同–交易"的三级产业生态，并带动政府、企业、群众等形成共融共促良性循环。一是市场手段可灵活交易。二是移峰填谷可保供生产。三是多方参与可拓展受益。

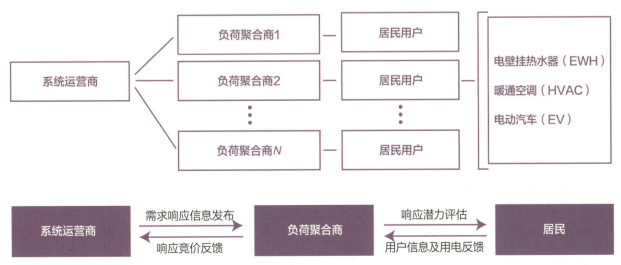

负荷聚合商运营机制

项目成效

▍解决发展用电问题，促进优化营商环境

虚拟电厂创造了区域性的源网荷储集中管理平台，建立"空调柔控—移峰填谷—需求响应—有序用电"四级负荷管理策略，创新"移峰填谷"措施，明确以工业企业为主体，鼓励企业通过合理调产等方式，将工作日高峰用电转移至周日低谷用电，通过市场机制激发活力，确保虚拟电厂"长效调"，优化营商环境。

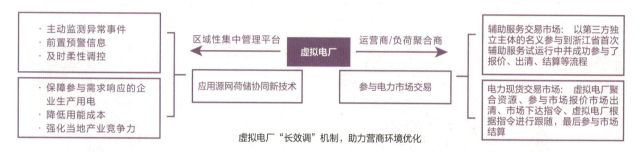

虚拟电厂"长效调"机制，助力营商环境优化

▍提高能源利用效率，加速节能降碳进程

通过虚拟电厂平台，全社会可以共享清洁能源建设红利，无需全口径高密度发展光伏，可以结合行业所需择优装配不同类型可调负荷资源，再接入虚拟电厂统一灵活调度，提升能源利用效率。

虚拟电厂助力推进"五位一体"综合示范项目

每利用100小时

能源利用效率提高，节能降碳显著

▍扩展多方盈利空间，降本增效双驱同步

虚拟电厂接入的10个用户通过与嘉兴市综合能源有限公司签订《电力辅助服务市场化交易技术服务合同》，合计容量15.8兆瓦，参与浙江省调峰、调压、旋转备用等辅助服务，持续获取辅助服务收益。虚拟电厂助力推进"五位一体"综合示范项目，降低项目用电成本。

▍延伸现有运行模式，助力行业共同进步

推动以"虚拟电厂"为中心的节能降碳新模式纳入政府体制改革项目和营商环境优化提升"一号改革工程"，促成政府发布《关于促进平湖市能源绿色低碳发展的若干政策意见(试行)》《关于新一轮鼓励光伏发电项目建设的若干意见》、空调柔性直控补贴等一揽子政策，全面、精准建立覆盖"光、储、充、空调"等全要素负荷资源和地方局部需求响应的激励体系。

▍传播绿色发展方式，提升企业品牌形象

平湖市"虚拟电厂"作为国家重点研发项目《规模化灵活资源虚拟电厂聚合互动调控关键技术》在浙江的落地应用之一，相关成果获浙江省相关领导批示肯定，入选浙江省第一批"微改革"项目，获2023年"直通乌镇"全球互联网大赛特等奖、2023年"金钥匙·国家电网主题赛"金奖、中国电子企业协会2023年能源互联网技术典型应用案例。

利益相关方评价

大数据研究成果整体处于国际领先水平。

——中国电机工程学会项目技术鉴定委员会

该项目很有借鉴价值和示范意义，平湖公司要立足嘉兴资源禀赋，打造市域"三位一体"综合示范项目，服务发展大局。

——嘉兴市人民政府

该项目在运用大数据有效配置、精准调节负荷资源和开展运营模式创新等方面都做的很好，值得推广。

——嘉兴市委改革办公室

根据虚拟电厂对生产、办公负荷的分级管理，我们及时优化用电行为和时序，对我们企业降低成本，实现精益化管理都有好处。

——长城汽车股份有限公司平湖分公司

参与移峰填谷后，将白天高峰用电转移到夜间低谷用电，将工作日高峰用电转移至双休日低谷用电，达到移峰不减产，相比以前更柔性。

——纳铁福传动系统有限公司（平湖分公司）

工作启示及下步计划

国网平湖市供电公司将多层次推进低碳场景创新应用，提升清洁能源占比，在虚拟电厂商业化运营领域的深入探索，形成具有示范意义的新模式，为全省能源低碳发展贡献更多"平湖经验"。

聚合可调资源

应用政策等多重激励开展空调、储能、智慧楼宇资源聚合，扩大灵活性负荷资源总量。

扩大合作范围

探索与售电企业的合作，实现职权范围内的双向数据对接，形成负荷侧弹性资源有效聚合的良性商业互动。

强化政策配套

确保配套"电力-经济"政策应出尽出，加大政策配给和资源倾斜力度，适度予以补贴。

辅助碳资产交易

关注各级碳市场资源，做好地方碳市场资源池建设，做好方法学研究，探索可持续的、市场化的碳资产开发和价值研究。

"智链电眼"
护航纺织产业高质量发展

社会责任根植纺织产业链韧性提升

项目实施单位

国网浙江营销服务中心
国网绍兴供电公司

项目实施人员

孙　钢　金王英　胡瑛俊　俞晓松　袁　健
吕几凡　李聘飞　凌　玲　崔　灿　许倩汝
李希鹏　高杨杨

项目实施时段

2022年1月至今

项目背景

中国纺织看浙江，浙江纺织在绍兴。绍兴拥有集化纤生产、织造印染、服装加工于一体的纺织全产业链。全球规模最大、经营品种最多的纺织品集散中心——中国轻纺城，销售网络遍布190多个国家和地区。

近年来，环保压力加大、欧美碳关税壁垒等挑战接踵而至，产品附加值低、能效水平落后、区域管理粗放成为阻碍中国纺织业高质量发展的三大瓶颈。如何提升纺织产业链韧性、保障可持续发展，"智链电眼"应运而生。

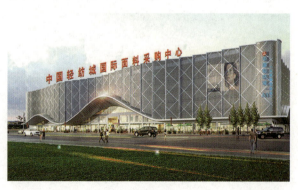

中国轻纺城

阻碍中国纺织业高质量发展的三大瓶颈

该方案立足"强基础""增韧性""优企业""提效能"四个目标，围绕建链、补链、延链、护链、强链、畅链六项政策内容，充分发挥电力大数据颗粒度细、关联领域广、价值密度高、实时准确性强的特征优势，绘制以纺织制造业为中心、覆盖上下游33个行业14万家企业的现代纺织产业链图谱，构建集一个系统、一类指数和八大应用于一体的产业链健康监测体系，智能化分析产业链健康度和发展短板，提供个性化产业链预警信息，提升产业链韧性和抗风险能力。

四个目标	六项政策内容
强基础	建链
增韧性	补链
优企业	延链
提效能	护链
	强链
	畅链

四个目标和六项政策内容

一个系统	八大应用	
·产业链智慧监测预警系统	·产业链全链条监测	·产业链高质量发展评估
	·产业链集群变化监测	·产业链发展效能监测
一类指数	·产业链强链及补链成效评估	·产业链风险协同处置
·产业链运行电力指数	·产业链上下游波动监测	·产业链绿色发展评估

产业链健康监测体系构成

思路创新

▎共建共享

立足现代纺织产业链运行现状，整合政府相关部门、纺织企业、外部机构、媒体等利益相关方的资源和优势，形成以"政府主导、多方参与、数智赋能"的工作机制，成立项目专项工作组，根据利益相关方诉求，制订行动方案，明确分工，建立沟通机制，形成多方共建共享的联盟态势。

"智链电眼"工作机制

利益相关方诉求分析

利益相关方	参与意愿	核心诉求	优势资源
政府相关部门	非常强烈	· 推动地区产业绿色可持续发展 · 助力"双碳"目标实现 · 传统纺织产业振兴	· 政策扶持 · 产业发展健康监管 · 税收等大数据资源
纺织企业	非常强烈	· 企业绿色转型升级 · 降低综合成本，提高产值 · 实现可持续发展	· 资金优势 · 专业技术优势 · 资源协调
供电公司	非常强烈	· 提升能效服务水平 · 优质服务 · 推动纺织产业绿色转型升级 · 塑造责任央企形象	· 能效服务技术优势 · 企业用电数据 · 电力服务政策 · 既有数字化产品
外部机构	强烈	· 拓展市场	· 专业技术优势
媒体	强烈	· 宣传热点问题	· 舆论影响力 · 公信力

数智赋能

电力大数据是一种新型的数据资源，具有与传统数据不同的特征和价值。"智链电眼"利用电力大数据创新构建了产业链运行电力指数，探索了利用大数据开展产业链运行研究的新思路和新方法，突破了传统产业链监测和分析方法的局限性，提高了分析结果的准确性和时效性，为后续研究提供了新视角和新技术。

一应俱全

构建集一个系统、一类指数和八大应用于一体的产业链健康监测体系，实现从产业链到行业、从行业到企业的层层分析，及时监测和预警产业链运行中的异常和风险，揭示产业链运行中的规律和趋势，为产业链安全稳定运行提供保障，为产业链转型升级提供方向和路径，为政府部门和企业决策提供实用参考依据。

主要做法

一图识链

采用知识图谱技术绘制涵盖全省 33 个细分行业 14 万家企业纺织产业链图谱，直观展示产业集聚分布、企业全景画像、全产业链上下游关系等，为政府摸排资源、企业搜寻合作伙伴拓展渠道。

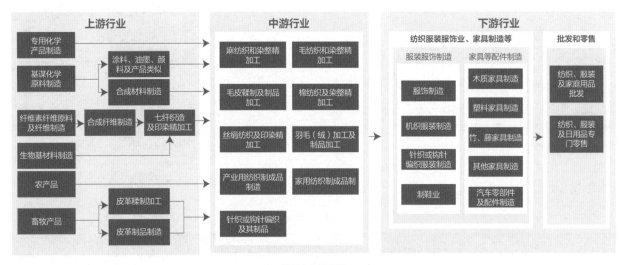

纺织产业链图谱

一数了然

依托产业链图谱，构建结构化的数据体系，研发"产业链运行电力指数"，厘清上下游企业生产经营走势，动态监测产业链景气程度，高效识别"卡脖子"环节，及时发现潜在风险。

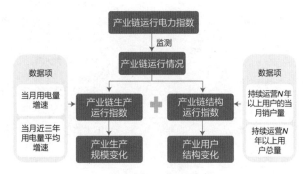

产业链运行电力指数

产业链全链条监测	利用电力数据实现从产业链到行业、从行业到企业层层穿透分析
产业链集群变化监测	通过分析各地区产业链集群用电量占比变化，分析产业链集群区域转移情况，实现产业链地域分布监测
产业链强链及补链成效评估	利用电力数据监测链主企业、专精特新企业的生产变动情况，开展链主企业、"专精特新"企业与所在行业、上下游关联企业用电量拟合分析，从而分析链主企业对产业链上中下游配套企业的带动效应，评估"专精特新"中小企业为大企业、大项目提供关键环节配套产品的能力
产业链上下游波动监测	建立产业链上下游行业用电量关联性分析模型，分析产业链上下游用电量波动相互影响关系和影响程度
产业链高质量发展评估	监测产业链内高端行业用电量情况，评估高端行业发展
产业链发展能效监测	建立度均票额模型（增值税发票开票额与用电量比值，表征每消耗单位千瓦时电量所产生的税额），监测产业链不同行业、不同区域的运行效率
产业链风险协同处置	基于产业要素跨区域配置和协作的特点，及时掌握纺织产业链运行波动和苗头性风险，由政府牵头协同各方力量共同完善风险研判处置机制，制订针对性协调解决方案，切实防范化解产业链断链断供问题
产业链绿色发展评估	从绿色发展角度，分析高耗能行业/企业在产业链中的分布，实时监测高耗能行业/企业生产状况

"智链电眼"八大应用场景

▍一键辩因

搭建纺织产业链预警监测平台，归集多维数据，实现产业链风险分类与归因。点击"健康分析"一键生成分析报告，帮助政府、企业及时发现产能波动、失信等风险。

产业链健康预警监测系统

▍一举多得

"智链电眼"数据成果为企业能效服务e助手、环保分析师等数字化产品提供更为直观的判断依据，方便企业用户开展用能数据对比，助力企业节能改造。同时，进一步助力政府开展高污染纺织企业产能异动行为定位、生产规模变动监测，高质量服务产业绿色转型。

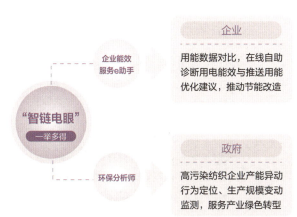

"智链电眼"为相关数字化产品提供判断依据

项目成效

▍为纺织产业高质量发展装上"活力之眼"

支撑绍兴市政府准确识别产业链短板，配合《先进制造业强市建设"4151"计划专项政策》等产业链支持政策出台。通过点对点发放电力消费券的方式，帮助政府助企纾困政策精准直达困难企业。

854户 发放企业用电消费券

12110.36万元 发放总额

出台政策助企纾困

▍为绍兴成为全球先进制造新支点装上"瞭望之眼"

支撑绍兴市纺织业评估跨域整合。柯桥区、越城区等47家印染企业整合重组，产业集中度由65%提升至80%。柯桥蓝印时尚小镇等一批绿色高端纺织产业集聚区规模不断扩大，实现了从"铺天盖地"到"顶天立地"的转变。

印染企业整合重组 **47** 家

累计腾退土地 **3980** 亩

净节约土地 **3325** 亩

有效支撑绍兴纺织业评估跨域整合成效

印染企业 **63** 家

资源产出率 提高 **113%**

循环经济产链 关联度 **85.72%**

四大污染物排放 下降 **62%**

工业增加值 增长 **121%**

印染企业整合重组成效

▍为纺织产业转型升级装上"绿色之眼"

服务纺织企业向"绿色智慧工厂"转型，绍兴印染行业1/3以上老旧高耗能设备被淘汰，单位能耗下降超20%，许多纺织企业实现了"绿色突围"，涅槃重生。

产业链支持政策出台

利益相关方评价

"智链电眼"从全省视角开展纺织产业链全链条监测、产业链集群变化等监测，依托电力大数据判断现代纺织产业链发展态势，为地方工业稳增长和转型升级提供客观、准确的决策依据。

——绍兴市经信局数字经济部门

要构筑起开放协同、集群联动的大纺织经济格局，就必须保障产业链安全，加强产业链畅通衔接，提高产业链创新协同水平。电力大数据的应用帮助纺织产业链以数字化手段实时监测产业链健康发展警情，智能研判产业链健康度，实现从产业链到行业、从行业到企业的层层穿透。

——浙江省印染行业协会

"智链电眼"能够帮助政府第一时间掌握产业链运行情况，给予企业非常有力的政策支持，"精准滴灌"夯实产业链发展基础。为了帮助企业稳生产、稳增长，柯桥区政府连续三年发布企业用电消费券政策，我们拿到了将近80万元的补贴，不仅帮我们实现了降本减负，更让我们进一步提升了发展信心。

——浙江商隆印染有限公司

"智链电眼"帮助我们企业实时监测和管理能源消耗，更好地挖掘节能潜力，提高能源利用效率，降低能耗成本，并为企业的节能减排和可持续发展做出贡献。在政府能效提升措施的支撑下，我们企业开展了定型机余热回收改造，每年将帮我们节省标准煤3000多吨，减少二氧化碳排放约9000吨。

——浙江新益印染有限公司

媒体宣传推广截图

"智链电眼"相关数据产品已在绍兴市政务网正式运行，通过线上线下并行的方式定期向政府部门推送分析结果，为政府部门、产业联盟、生产企业等服务对象提供个性化产业链预警信息，提升了产业链韧性和抗风险能力。

"智链电眼"上线绍兴市政务网

工作启示及下步计划

"智链电眼"解决方案为纺织产业链装上一双慧眼，为政府因时因势助企纾困、企业因地制宜优化经营活动提供数字化监测、智能化分析、精准化预警的解决方案，为多行业产业链运行监测分析提供了可复制、可推广的"浙江样板"。

下阶段，国网浙江营销服务中心、国网绍兴供电公司将总结"智链电眼"在现代纺织产业的试点经验，持续开展产业链电力指数分析研究，探索在省内产业链全领域推广，以电力大数据服务产业链健康发展。

"氢"装上阵，
助推工业园区绿色智慧转型

社会责任根植工业园区综合能源服务创新

项目实施单位
国网杭州供电公司
国网杭州市钱塘区供电公司

项目实施人员
夏晓春　樊立波　张益军　韩荣杰　金建华
徐　凯　刘　箭　屠永伟　来益博　俞永杰
郁丹琦　张　阳

项目实施时段
2022年1—12月

项目背景

氢能作为一种来源丰富，终端绿色零碳，且可在制氢、用氢等环节和电力系统产生更多耦合关系的二次能源，是未来我国新型电力系统的重要组成部分，也是用能终端实现绿色低碳转型的重要载体。对构建清洁低碳、安全高效的现代能源体系，助力我国实现"双碳"目标具有重要意义。

同时，作为一种十分重要的工业原料，氢气被广泛应用于石油、化工、电子、冶金、航天、轻工业等工业领域。目前，我国部分工业园区存在能源利用率低下，能源消耗过高、浪费严重和能源结构不合理的问题。工信部发布数据显示，工业园区内碳排放占全国碳排放总量的31%，耗能约占全社会总耗能的69%。基于上述绿色低碳发展、能源结构优化以及部分领域对氢气的迫切需求，工业园区为探索氢能应用提供了"练兵场"。

作为浙江首个、杭州唯一的省级新区，钱塘新区瞄准打造世界级智能制造产业集群，以"再造一个杭州工业"为目标，推动制造业高端化迈进、智能化升级和绿色化转型。目前，钱塘新区内的工业园区生物医药、航空航天、半导体、智能汽车与智能装备、新材料五大主导产业初具规模。

氢能助力能源转型

然而，作为集中了大量工业设施和产能的区域，钱塘新区内的工业园区包含了建筑、交通、能源等多种典型排放场景，是典型的高碳排放高耗能系统。国网杭州供电公司和国网杭州市钱塘区供电公司立足杭州钱塘工业园区能源供给清洁化、能源消费结构多样化、能源管理模式智慧化等需求，以钱塘格力电器工业园区为试点，探索"氢量级"工业园区绿色智慧用能改造新模式，利用

氢电耦合，柔性直流等技术，聚合风、光、电、氢、氧、热等多要素资源，保证新能源百分百就地消纳和交直流负荷即插即用，助力工业园区能源结构转型升级，实现园区能源全过程精细化管理，并探索出多方共建、共享、共赢合作新模式，加快氢能在发电、供能、交通、工业等多领域全场景示范推广应用。

探索"氢量级"工业园区绿色智慧用能改造新模式

思路创新

角色突破：将氢能与电网擦出火花，实现综合能源供应

以可再生能源推动的电气化难以实现所有工业用能绿色低碳，氢能作为高热值的清洁能源，在发电、供能、交通、工业等领域应用潜力巨大，同时柔性直流电将可再生能源与氢能之间紧密联系起来，构建清洁低碳区域能源互联网。在钱塘区政府的支持下，国网杭州供电公司

和国网杭州市钱塘区供电公司汇聚政府、企业、科研院所、设备厂商等多方资源，面向钱塘格力电器园区，融合"风-光-储-氢"多类能源要素，打造面向工业园区的多能互补、交直互济、即插即用的绿色供能新模式，提供电、氢、氧、热多种清洁能源供应，在提升区域电网稳定控制水平的同时降低企业绿色低碳改造成本和综合能源用能成本。

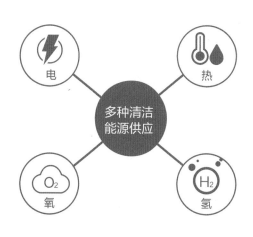

打造面向工业园区的多能互补、交直互济、即插即用的绿色供能新模式

应用突破：打通工业园区氢能多领域规模化应用场景

项目作为省内首个基于工业园区的氢能综合利用示范工程，促进了氢能在发电、供能、交通、工业等领域全场景示范应用推广，带动全产业链技术进步与产业规模化、商业化发展。项目将示范应用转为实际效益，最大

供氢量每天可达200千克，通过供应氢、氧、热每年可产生收益约708万元，与此同时，格力园区每年可节约生产投入成本约256万元。项目以氢电耦合作为桥梁构筑基于工业园区的能源管理"一张网"，为政府构建统一的能源监管平台、为行业提升数字化水平、为用户量身定制低碳用能提供解决方案。

杭州钱塘零碳氢电耦合园区

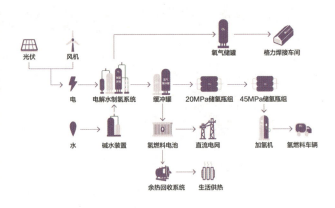

杭州钱塘零碳氢电耦合园区技术路线

利益相关方诉求分析

利益相关方	参与意愿	核心诉求	优势资源
政府部门	非常强烈	· 促进地方能源转型 · 推动地方工业企业绿色发展 · 保障企业高质量发展 · 降低企业碳排放	· 工业企业转型发展政策支持 · 氢能产业建设审批监督 · 环境保护监督 · 协调组织力
工业园区	非常强烈	· 科技数字化助推企业健康发展 · 降低生产成本，提高经济效益 · 实现绿色可持续发展	· 场地资源优势 · 能源需求优势 · 配套设施优势
供电公司	非常强烈	· 提升区域电网稳定控制水平 · 降低企业绿色低碳改造成本 · 提高能效服务水平 · 塑造责任品牌形象	· 氢能技术优势 · 资金优势 · 风光可再生资源调度 · 电力服务技术支撑
运营公司	非常强烈	· 抢占氢能运营市场 · 拓展服务	· 专业技术优势 · 专业人员优势
金融机构	强烈	· 支持绿色产业发展 · 拓展优质客户	· 资金优势 · 金融服务资源优势
设备厂家	强烈	· 拓展经营渠道 · 增加业务量	· 设备技术优势
科研院所	强烈	· 开展技术研究 · 产学研用推动技术落地	· 学术研究优势
媒体	强烈	· 宣传热点问题	· 舆论影响力 · 科技科普

生态突破：探索形成多能源开放参与的商业新模式

项目在建设运营过程中积极对接政府、电网、企业和设备厂商，共同构建能源互联网供给生态圈，通过多类型能源的开放互联，各类型设备的开放接入，以及终端用户的开放参与，让电、气、热、冷等领域的能源供应者和消费者共建共享基础设施，取长补短，促进全环节、全要素供需对接和资源优化配置，进而减少能源领域排放，提高能源利用效率，实现能源生产、供应、消费各方主体互利共赢。各方可参与电、氢、热多种能源交易及电网辅助服务降低成本或获取收益，并探索适用该场景的商业运营模式，延伸电力行业产业发展。

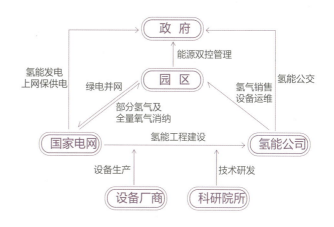

多方盈利的氢能市场化版图

区域能源互联网生态圈

主要做法

构建电能供应新模式

项目在电网中压侧充分利用±10千伏柔性直流换流站，形成柔性直流供能网架，实现不同电压等级供电区域间互联互济，满足钱塘区格力电器工业园区对高供电可靠性和高电能质量的要求；在电网低压侧建设±375伏直流电网，广泛高效接入风、光、氢等新能源电源，在保证新能源百分百就地消纳的基础上减少两次交直流转换环节，实现整体输电过程能耗效率提升近40%；并通过大容量氢储能与电化学储能复合体系，达到短时功率调节、长时储能稳定的技术优势互补。最终源网荷储的"即插即用"便可让分布式光伏、储能、车网互动（Vehicle-to-Grid，V2G）充电桩、直流负荷"应接尽接"，助力工业园区企业优质用能、降本增效。

杭州钱塘柔性直流换流站

▍构建氢能应用新场景

针对钱塘格力电器工业园区生产特点，项目在清洁能源发电—电化学储能—直流应用体系下建设氢电耦合综合能源站，直流绿电制备的高纯度氢气部分为园区观光车、接驳大巴车提供加氢服务，部分通过固体氧化物燃料电池（最新一代氢燃料电池技术）实现热电联供，提供清洁电能的同时为园区高温注塑提供高品质热能；生产过程中附属产品氧气提供给生产车间焊接助燃使用。氢电耦合综合能源站通过电、氢、氧、热的清洁供应，实现了氢能与电能的互补支撑以及多种能源的互联互济，综合能源利用效率达85%以上。

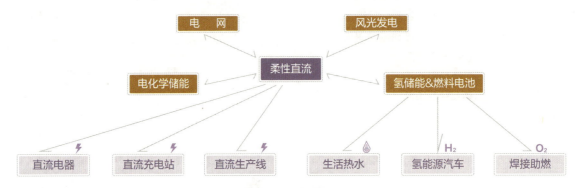

杭州钱塘氢能应用新场景

▍构建能源管理新平台

项目配备数字化智能仪表，全面感知园区内电、氢、氧、热等多类型用能需求，研发数字化能量管理系统，实时采集能量流信息接入园区智慧化管理平台，从源头厘清能量流转换、路径、过程等特性，利用能源流向图追寻碳足迹，实现了园区级能流规划、全景监测与协同控制，保障了园区高效、经济、低碳、稳定供能，提升园区综合能源利用效率7%以上。同时，系统信息流集成入云平台，通过后端的云管理实现能流碳流精细化调度、智慧化管控，实现在绿色供能占比和综合能效提升的同时降低碳排放强度。

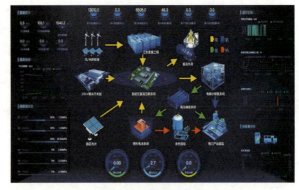

能源双控数智管理平台界面

项目成效

▍助力园区脱碳降本

项目打造了氢电耦合的工业园区用能改造新模式，实现工业园区的深度脱碳，提升企业的环境竞争力。建成后园区每年可利用绿电140万千瓦时，制备绿氢25吨，减少二氧化碳排放1400吨。推广至全区可实现500家工业园（厂）区单位产值能耗年均降低7%以上，预计可为工业园区节约用电成本6亿元。

对于已有光伏装机且有余量的园区，项目相比传统储能系统省去了大容量电化学储能设备建设环节，技术成熟后可减少投资建设成本约20%。

推动电网增收降碳

项目借助氢能作为二次能源具有能源和储能双重属性,在提升配网供电能力和可靠性,提高电能质量的同时,显著提升了清洁能源消纳比例。经统计测算,本项目投入使用后保障了电网检修或故障情况下的连续供电,供区内每年增加售电收益约37万元,降低线路损耗效益87.6万元。

同时,清洁能源消纳比例大幅提升,实现电网侧新能源百分百消纳,显著减少了化石能源消费。

运维人员巡视制氢设备

助力绿色碳中和亚运

在工业园区之外,氢能源发电车首次在亚运轮滑中心应用。相比传统应急电源车,该应急电源车采用氢能与锂电混合能量方案以实现在供电过程中的零碳排放。该应急电源额定发电功率400千瓦,氢燃料电池持续供电可达4小时以上。氢能源发电车圆满完成30余项亚运赛事电力应急保障,用绿氢助力碳中和亚运。

氢能源发电车保供电

激活氢能产业链经济效益

氢能作为前沿科技和新兴产业,于2022年首次被写进了国家"十四五"规划。项目瞄准绿色制氢、经济储氢、高效用氢方向,共形成17项相关专利,5项技术标准正在申请。据相关机构预测,2030年我国氢气需求量将达到3500万吨/年,在终端能源体系中占比5%。当氢储能模式占储能行业20%的情况下,氢气需求预计约为230万吨,对应电解设备装机约57吉瓦,全部氢储能的设备投资市场可达3000亿元。

加氢机为车辆供氢

赋能政府监管与公共服务

项目作为国网服务国家双碳目标的重要举措,接入政府能源管控平台,有效帮助政府解决区域能源监管难、能耗双控难度大、缺乏数据支撑等问题,实现园区能量管理一张图,建设全过程管控、智能化监测、减碳全景化展示,为统筹双碳工作提供数据支撑,显著降低政府对双碳目标落地的管控难度,进一步引导绿色能源消费,促进区域绿色转型。

未来,项目将配合公交公司设立氢能源公交线路。氢能源公交加氢时间仅15分钟,满载续航里程600千米以上,能量转化效率高达55%,是普通内燃机效率的3倍,相较于传统燃油公交车每年减少二氧化碳排放至少48.75吨。

利益相关方评价

项目在柔性直流电网、氢能综合利用、氢电耦合能量优化调度方面居国际领先水平。

——中国电机工程学会鉴定委员会

探索多能互补工业园区低碳转型是十分有必要的，氢能作为最重要的新能源之一，推广应用前景良好，未来将会在全区进行逐步推广复制。

——钱塘区政府

项目建成投运后，真正实现了氢能和电能之间的互济共联和灵活转换。我们杭州格力将协同国网杭州市钱塘区供电公司，在"双碳"驱动绿色经济转型的大潮中实现强强联合，加快创新技术的产业化和商业化运行。

——格力电器

新华社、浙江卫视、杭州日报、浙电e家等多家媒体对项目进行了深度报道。CCTV4报道浙江杭州钱塘多能互补零碳柔直示范园区正式投运。浙江新闻播发《全国首个柔性直流氢电耦合"零碳"园区在杭州开建》，报道项目开工建设情况及经济社会效益。

媒体宣传推广截图

工作启示及下步计划

以示范培育氢能多元应用生态

氢能作为新万亿级赛道，应用范围巨大、需求潜力巨大。为此，我国在多项发展规划和产业政策中均明确提出支持氢能发展，体现出国家对氢能产业发展的重视。国网杭州供电公司和国网杭州市钱塘区供电公司以"基于工业场景的氢能综合利用"为切入点，提前谋划布局，在氢能制备、储运、应用各个环节开展技术攻关和示范应用，立足绿氢高效制备、氢能灵活调控难点问题，拓展氢能应用新场景，实现规模化绿电制绿氢，投运国内单体容量最大的纯氢固体氧化物燃料电池，建成国际领先的"电-氢-热"综合能量管理系统，打造"氢量级"工业园区绿色智慧用能样板，为碳中和亚运提供绿色氢能。

以氢电打造区域能源互联网示范窗口

电力作为便捷、清洁和应用最为广泛的二次能源，在推动能源革命、构建"清洁低碳、安全高效"的现代能源体系中，承担着转型中心环节的重任。但仅依靠电能作为中间媒介，无法做到多种能源系统的协同互动，能源可靠性和易用性提升难。国网杭州供电公司和国网杭州市钱塘区供电公司将氢能与可再生能源耦合，通过氢能支撑的区域能源互联网，满足用户对电、氢、热多种能源的需求，实现从清洁电力到清洁气体能源转化及供应的全过程零碳，清洁能源百分百消纳。

工程技术目标

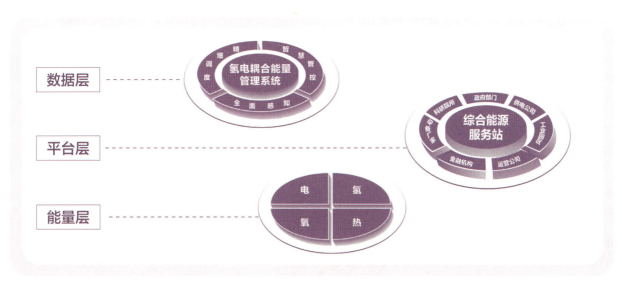

分层协同架构

"转供电费码"+"阳光掌柜"，让转供电用能清晰安全更高效

社会责任根植数字化，保证转供电关系管理创新

项目实施单位
国网杭州供电公司
国网杭州市富阳区供电公司

项目实施人员
王启明　方旭峰　盛文虎　高隽
周　涛　朱俊杰

项目实施时段
2020年1—10月

项目背景

党的二十大报告指出，"优化民营企业发展环境，依法保护民营企业产权和企业家权益，促进民营经济发展壮大。"强调要"支持中小微企业发展"。我国众多中小微企业入驻在各类商业综合体、产业园区等转供电主体中，成为我国中小微企业及民营经济的重要组成部分。

"转供电"是指在公用供电设施尚未到达的地区，有剩余供电能力的直供用户向其他用户转供电力。由于该环节管理存在盲区、关系互动不足、解决问题者缺位，普遍存在着转供电加价严重、安全隐患严重、能耗水平较高且管理成本高等现象。

国网杭州供电公司、国网杭州市富阳区供电公司全面贯彻落实党和国家关于优化营商环境的决策部署，有效落实国家电网公司优化电力营商环境再提升行动，高度重视并支持中小微企业发展。在疫情期间全国首创"转供电费码"，将降价政策落实到转供电环节，让中小微企业享受到真金白银的政策优惠；在此基础上深度透视"转供电关系"，搭建"阳光掌柜"智慧用能管理平台，量化分析转供管理关系，为转供电主体与终端用户提供能源管理服务，实现了付费用电清晰、监控预警及时、移动办事便捷三大需求，让转供电用能清晰安全更高效。

思路创新

从各自为政到多方共治

转供电环节中，承担转供行为的企业主体，称为转供电主体，企业客体称为转供电终端用户。此外电费收缴也涉及供电公司、政府部门，企业设备能效问题和安全问题涉及能效设备企业与安全设备企业，媒体也负有监督责任。利益相关方受限于职责边界、信息屏障、技术手段等多方面因素均未能有效解决转供电问题。我们通过分析主要利益相关方的问题、现状、核心诉求、优势资源、参与程度，统一力量解决问题。

利益相关方诉求分析

利益相关方	问 题	现 状	核心诉求	优势资源	参与程度
转供电主体	电费方案制订经常受到质疑，电费收缴麻烦、不及时	与转供电终端用户经常扯皮	科学合理分配电费、及时收缴电费	能集中资源提升整体能效水平和安全水平	★★★★★
转供电终端用户	作为价格的被动接受者，"知冷暖"却无法自己"保暖"，对电价信息掌握不及时、不全面	遇到问题有的找消协投诉、有的找物价部门介入、有的找供电部门咨询，但效率不高，还容易造成被转加租金等其他问题	享受电费优惠、科学制订电费分担方案	/	★★★★★
供电公司	不直接对转供电末端供电，而且缺少执法权	只能通过宣贯、引导等柔性手段提醒	/	电力数据信息丰富	★★★★★
政府部门	缺乏信息来源和技术手段	投诉一家、上门解决一家，通常是"疲于奔命""治标不治本"	增加信息来源，提升管理效率	具有执法权	★★★★★
能效设备企业	/	极少参与转供电环节	推广设备	提供能效设备	★★★
安全设备企业	/	极少参与转供电环节	推广设备	提供安全设备	★★★
媒体	/	转供电纠纷常在各类媒体进行报道	新闻媒体报道	舆论监督作用	★★★★

从矛盾关系到良好关系

转供电主体与终端用户间电费收取方式多样、情况复杂，基本属于市场行为，双方通过协议、合同等形式对收费方式和收费金额进行了约定。合作条款未经统一，容易产生误解或争议，并引发推诿扯皮。而由于存在转供电矛盾关系，进一步导致了交流沟通平台和机制的缺乏，各利益相关方未能形成良好互动，未能有效形成进一步的合作共赢。供电公司发挥专业、权威的特性，为转供电主体和终端用户量身定制电费分配方案，扭转矛盾关系。

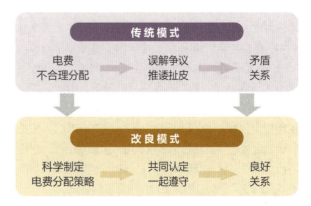

转供电主体与终端用户间电费收取新旧模式对比

▌从人工工作到系统运行

传统模式下，转供电主体计算电费、收取电费均需人工操作，并且不一定有收费计算、公示、分析等。通过搭建智慧用能管理平台，安装水电气用能采集终端，聚集终端采集、营销系统等数据和政府政策等，定量"透视"转供管理关系，为转供电主体与终端用户提供能源管理服务，包括水电费结算、异常告警、用能优化等服务，通过平台驾驶舱实时监测、业主驾驶舱转用能管理、终端用户用能实时查，打造"用能智管家"。

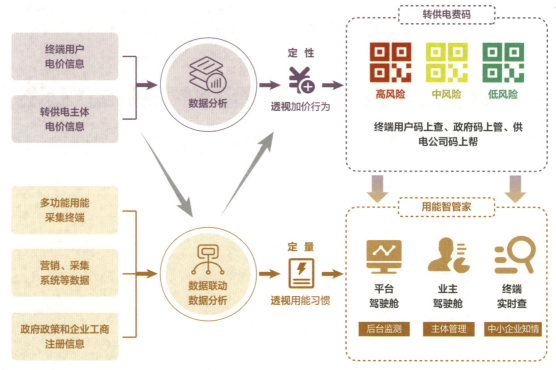

转供"透视眼"功能示意

主要做法

▌构建"转供电费码"

基于供电公司内部营销业务应用系统、用电信息采集系统中的用户档案、用电信息、转供电费码申报信息等内部数据，以及企业工商注册信息等外部数据，采用大数据技术，构建企业转供电费码分析模型，根据计算结果，将转供电费码分为绿码、黄码、红码，对转供电终端用户电价执行情况进行精准评估。政府部门可依据"转供电费码"监测转供电环节电价执行规范度，定位不合理加价对象，及时处理不合理加价现象，确保将电费减免的政策红利及时、足额传导到终端客户。

转供电费码手机端界面

打造"分摊公平秤"

由于转供电终端除了需要缴纳分表计收的电度电费外，还需根据其自身行业用电性质缴纳基本电费，力调电费，同时转供电主体还需收取公共设施电费和损耗电费。因此为确保转供电主体分摊电费计收模式的公平合理，本项目的"公平秤"依托政务平台、网上国网

App、营销系统等渠道及数据资源，通过大数据对比分析转供电主体和终端用户用能数据，并结合其转供电主体的用电性质，制订出针对其行业特性的电费分摊模式，以此解决转供电主体与终端用户之间因分摊电费不清不楚问题产生的纠纷，让转供电终端用户明明白白用能。

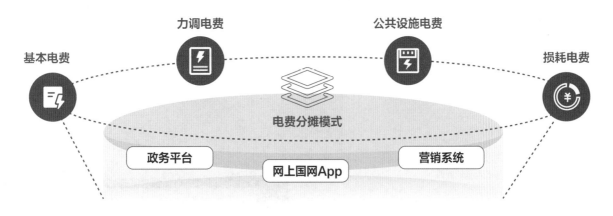

电费分摊模式示意

定制"用能智管家"

"阳光掌柜"智慧用能管理平台结合物联和移动通信技术，采集转供电主体和终端用电户的相关能耗数据，进行分析诊断，实现主能耗监测、租户分表自动抄录、异常用电精准定位等功能，有效解决综合体总分表电量差异的用电问题；通过热成像监测技术，实时监测商业综合体内部的用电安全问题；通过预付费功能，实现综合

体商户的电费风险管控；安装了水、电监测点并接入平台，实现了实时远程抄水电表、异常用电报警和记录、租户网上缴费和用能分析等功能；依靠分类、预测等算法，供电公司及时把握用户用能情况、潜在需求，从而提供风险预警、用电增容等主动式服务，提升服务水平。满足了付费用电清晰、监控预警及时、移动办事便捷三大需求。

方 式	功 能	目 标
采集转供电主体和终端用电户的相关能耗数据，进行分析诊断	主能耗监测、租户分表自动抄录、异常用电精准定位等	有效解决综合体总分表电量差异的用电问题
热成像监测技术	实时监测商业综合体内部的用电安全问题	设备安全稳定运行
嵌入预付费功能	预付费	增强综合体商户的电费风险管控
安装水、电监测点并接入平台	实时远程抄水电表、异常用电报警和记录、租户网上缴费和用能分析等	各类用能及时收集信息、直观展示

用能智管家功能分析

提供给政府部门以平台驾驶舱

提供一体化的现场工况、系统运行工况、管理监控维护等功能，后台实时监测。

平台驾驶舱界面

业主驾驶舱界面

提供给转供电主体以业主驾驶舱

实现电子化用能管理，电量数据远程采集、抄表管理。

提供给转供电终端用户以用户终端

中小企业可通过系统、短信、公众号推送等实时获取用能信息。

用户终端界面

项目成效

▎有效清理转供电不合理加价

截至2023年9月30日，杭州共有7.3万家小微企业登录"网上国网"申报"转供电费码"。协同杭州市市场监督管理局疏通转供电环节不合理加价堵点，为小微企业节约电费约2.45亿元。"阳光掌柜"智慧用能管理平台在杭州地区已接入项目27个，总计接入终端用户7200余个，接入水电及各类采集表计1万余只，监测用电4800余万千瓦时，公平分摊电量130余万千瓦时。

转供体内所有终端客户用电情况实行"一户一档"，转供电双方可以严格按国家政策收取电费，让终端用户明明白白交费，切实享受到电费减免政策带来的实惠。供电公司发挥自身专业优势，主动配合政府打通了降价政策传导的"最后一公里"中的堵点、难点。

▎有效降低了转供体的管理成本和服务纠纷

"阳光掌柜"智慧用能管理平台采用了智能化抄表、电费结算等管理模式，不仅降低了人为造成的差错，节约了管理方的用人成本，提高了工作效率。而且数据可视化展示，也让终端客户明白消费，提升了管理方的管理形象。同时也将电价政策落地，有效减少了因管理方收取电价不合理而产生的此类服务纠纷。据测算，"阳光掌柜"已为企业节省管理费用超过600万元。

▎有效防范了安全用电风险

商业综合体、工业厂区往往存在人员流动量大、管理难度较高等安全风险。运用"阳光掌柜"智慧用能管理平台，综合体利用安装热成像半球摄像机来实现实时监测电气设备、抽烟等，落实监测、预警、应急处理等措施，确保电气设备安全用电可控、在控。截至2023年11月底，安装了"阳光掌柜"的综合体未发生火灾等安全事件。

有效提升了公司服务形象

应用推广

"转供电费码"创新应用得到了社会各界高度认可。浙江省三部委联合发文推广，国家电网有限公司发文要求在全网范围推广应用浙江"转供电费码"。

浙江省三部委和国家电网有限公司发文推广

媒体评价

项目成果受到新华社、人民日报等多家媒体平台报道。央视《新闻联播》对"转供电费码"进行了2分24秒的专题报道。

央视新闻联播报道截图

利益相关方评价

这套系统不仅解决了转供电加价问题，增强了转供电环节管控能力，还有利于促进多能源之间的协同合作，为我们、为企业等多方实现共赢提供了良好的条件。

——杭州市富阳区市场监管局

我们在园区新建的时候就考虑了后续企业的管理问题，供电公司给我们提供了智慧用电方案，有效解决了园区企业的能耗结算问题，给园区物业管理带来了便利。

——杭州市富阳区上官乡

以前每次交电费大家都很不服气。后来供电和园区上了智慧系统，每户每个月多少峰电谷电一目了然，大家电费缴得明明白白。

——我能球拍（杭州）有限公司

这套系统拉近了我们供电与园区物业、当地政府的距离，构建了和谐的共建圈，助力当地经济发展，甚至落实了"双碳"目标，具有广泛的可推广性。

——国网杭州市富阳区供电公司场口供电所

工作启示及下步计划

▌坚持合作共赢

解决社会治理问题，必须加强利益相关方沟通，整合各方资源，发挥各自优势，发挥我国社会治理结构"集中力量办大事"的优势，实现合作共赢。国网杭州供电公司树立合作共赢理念，推动电力大数据与社区、杭州"城市大脑"以及交通、旅游、金融、规划等多领域资源合作，追求联防联控、互联互通的综合价值最大化。

▌坚持可持续发展

社会治理问题解决方案需要立足社会问题解决的高度，具有可持续性和可操作性，从长远上、根本上解决类似问题，需要不断迭代发展。国网杭州供电公司坚持变化导向和价值导向，从转供电环节入手，逐步推出电力大数据助推企业复工指数、企业金融征信电力指数等一系列大数据产品，开发出"电力关爱码""大数据加环保""助企能效提升"等一系列场景，以电力数据应用赋能城市治理，驱动社会变革。

电力大数据赋能城市治理场景

以"转供电费码"加"阳光掌柜"为起点，未来，国网杭州供电公司将继续研究开发电力大数据产品，构建直达企业、居民、社区的应用场景，让城市治理更简单，让人民生活更幸福。

"满天星"让配电房闲置空间化身工业园"分布式数据中心"

社会责任根植助力企业园区基础设施升级

项目实施单位
国网杭州市临安区供电公司　浙江大有集团有限公司

项目实施人员
陈高辉　王一达　董俊波　王智勇　姚永辉
陈云柏　郭　芳　傅云潇　王子文

项目实施时段
2020年8月—2023年10月

项目背景

民营经济、小微企业是浙江经济的金名片，浙江省出台各类政策，着力优化中小企业发展环境。近年来，从事数字经济的小微企业成为浙江经济发展的新引擎，这一趋势在杭州尤为明显。2021年，杭州数字经济核心产业增加值4905亿元，同比增长11.5%。截至2022年6月，全杭州小微企业和初创公司约有69万家，小微企业园区和初创公司孵化基地共有258座。

数字经济为社会发展带来新动能的同时，也需要政府、市场、社会多元主体参与，其中共建共治共享的数据存储中心就面临一系列社会领域难题。互联网和数字化经济需要梳理大量数据，大幅扩张的数据中心对土地资源的需求给本就紧张的城市用地带来新的挑战。同时，数据中心被界定为高耗能行业，托管的服务器需要全年不间断运行。电源使用效率（PUE）是测算数据中心能效的常用指标，2021年全国数据中心平均PUE为1.492。

租赁"企业云"、专业数据中心、企业自建是企业常用的几种数据存储方式。现有的几种数据存储方式无法完美匹配小微企业细分需求。

首先，地理因素限制传输速率与稳定性，影响业务连续性。本地网络和云服务器之间的传输存在固有延迟，影响需要实时数据处理或高速访问本地资源的应用程序的性能。带宽限制、网络拥塞以及企业与数据中心、云基础设施之间的地理距离会导致响应时间变慢和性能下降。

其次，数据隐私和安全隐患引发企业担忧。虽然租赁服务提供商通常拥有强大的安全措施，但将敏感的企业数据存储在外部服务器上依然会引发对数据隐私和安全的担忧。企业必须仔细评估服务提供商的安全措施和认证，以确保遵守行业法规并保护敏感信息。由于企业服务器可能暴露于外部威胁，数据泄露或未经授权访问的风险也可能增加。

此外，灵活性服务的缺乏导致难以响应企业定制化需求。使用第三方租赁服务意味着企业放弃一部分控制和灵活性，无法自行选择服务器的硬件设备，只能从已有的一系列服务器类型和配置中进行选择，无法对内部硬件进行个性化定制，独特需求得不到满足。这给拥有需要定制服务器设置的高度专业化或遗留应用程序的企业带来挑战。

快速成长阶段的小微企业、初创公司对数据的存储、交换、计算的需求急剧增加，并对网络带宽、传输时延、网络安全、节能减排提出更高要求。作为成本敏感型用户，自建的前期投入和租赁的长期费用给企业造成一定负担；加之有限的议价能力，使小微企业较难享受价格优惠和及时响应的服务。因此，如何获得价格友好、服务优良、安全性高的数据平台服务，成为亟须解决的难题。

思路创新

▌换新机制：构建互利共赢的合作机制

国网杭州市临安区供电公司从小微企业对数据存储服务的实际需求出发，与各利益相关方通过多次沟通，发挥桥梁与纽带作用，凭借供电企业的专业优势，明确各方主要诉求与资源优势，搭建起多方参与的分布式数据中心模式——"满天星"模式的基本运行逻辑。

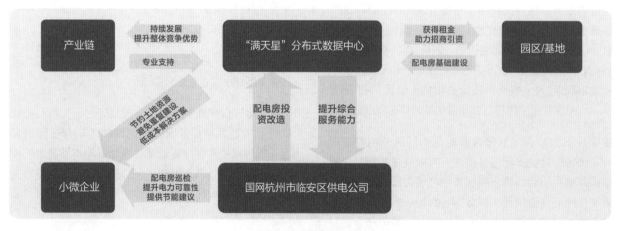

现有数据中心存在的问题及分析

"满天星"模式合作机制

分布式数据中心利益相关方识别与分析

利益相关方	参与意愿	主要诉求	资源优势
需求方： 小微企业	非常强烈	· 获得性能优良、价格友好、安全性高的数据平台服务	· 用户体量庞大 · 需求强烈
改造方： 国网杭州市临安区 供电公司	非常强烈	· 响应国家"双碳"政策，贡献绿色低碳城市建设 · 提升用户服务质量 · 获得外部认可，塑造良好的品牌形象	· 用户群体庞大，参与各项社会活动 · 牵头沟通交流 · 利用专业优势参与配电房改造 · 日常巡检，安全运维 · 公信力
基础建设方： 园区／基地	非常强烈	· 吸引企业进驻园区 · 增强企业粘性 · 支持地方经济发展	· 良好的基础设施 · 园区企业沟通交流
空间提供方	非常强烈	· 获得额外收入	· 闲置的配电房空间
产业链	非常强烈	· 产业链稳固增强、持续发展 · 提升整体竞争优势	· 软硬件搭建 · 提供定制化产品服务 · 专业支持

▌创新模式：形成绿色低碳的发展模式

该项目旨在为小微企业解决数据存储处理难题，将"满天星"般散布的配电房闲置空间打造成分布式数据中心，形成平等互利、多方共赢的绿色低碳数据中心发展新模式。在国网杭州供电公司大力支持下，国网杭州市临安区供电公司积极回应联合国可持续发展目标（SDGs），发展优质、可靠、可持续的基础设施，推动创新（SDG9），助力建设可持续的城市和社区（SDG11）。调研发现，企业园区和基地会为其后期增容和其他需要，主动增加配电房的建设面积，存在大量闲置空间。其中闲置5～15平方米的约占总数30%左右。利用这部分闲置空间建造分布式数据中心，以可负担的价格、及时响应的传输服务，缓解小微企业数据存储压力。

工业园区限制配电房模拟图

分布式数据中心指标对比

指标 ＼ 模式	"满天星"模式	企业自建	"企业云"模式	专业数据中心租赁
费用投入	·企业每年支付低于市面上一般标准的租赁费 ·推广后形成规模效应呈现边际成本递减趋势	·前期需要大量建设资金 ·后期需要持续投入资金进行日常运维	·企业需要每年支付一定的租赁费用，初始价格较低 ·伴随存储需求扩大，长期费用高昂	·企业需要每年支付一定的租赁费用，初始价格较低 ·伴随存储需求扩大，长期费用高昂
传输速率	·数据中心靠近企业，数据传输不受地理影响，传输速率高	·数据传输不受地理影响，传输速率高	·受带宽、地理距离等多种因素限制，传输速率较低，无法保证数据实时同步，影响业务连续性	·数据传输不稳定，会出现中断或速率下降的情况，影响数据一致性与完整性、业务的连续性
日常管理	·自主灵活，可定制服务 ·由供电公司下属企业统一维护，企业管理难度小	·可定制服务 ·需要配备有专业知识的专人管理，企业管理难度较大	·企业管理难度小	·数据中心提供统一管理服务，企业派人对接，管理难度一般
安全性	·安全性较高	·安全性较高	·存在数据安全、隐私泄露等潜在隐患	·安全性较高
环境友好性	·整合公共资源，减少土地冗余和重复建设 ·空间利用率高，能耗相对较低	·依据数据中心大小产生不同程度的额外能耗	·数据存储、传输服务的提供方是高耗能企业	·运行时需要维持稳定的温度与湿度，是高耗能设施
用户画像	·预算有限，对响应速度、定制化、安全性有需求的小微企业	·通信运营商、云计算服务商、专业从事数据中心的第三方服务商	·一般规模的各类企业	·从事云计算、大数据的大型互联网企业

资源侧

1927座　　39座　　2000座

35kV及以上(主业)

变电站

10kV配电房（主业）　　配电房（用户）

变电站闲置空间通常为10～50平方米（运维安保要求高）
用户配电房闲置空间通常为5～10平方米（方便运维改造）

需求侧

中大型数据中心至少需要400～1000平方米场地

大中型5G基站至少需要50平方米场地

小型5G基站至少需要10～20平方米场地

微型分布式数据中心
10～15平方米（需求强）

资源侧与需求侧数据

主要做法

▌关键突破：打造值得推广的智慧样板

提供边缘算力的分布式数据中心具有差异性、确定性、自主灵活等特性，将成为保障数字城市、数字工业园区建设的重要基础设施。国网杭州市临安区供电公司高效整合利用配电房闲置空间，积极对接设备厂家和广大小微企业。以小微企业和初创公司用户集聚的工业园区为对象，通过租赁园区配电房、开关站内的闲置空间资源，设置分布式数据机柜、服务器，建设以"分布式"为特征的末端数据中心，满足小微企业数据存储和处理需求，实现数据"安全保障、实时处理、运维托管"一站式服务，助力小微企业降本增效。

该项目使得数据存储交换中心更靠近物理端，解决企业对于数据传输和处理的高要求问题。同时盘活开关站、配电房闲置土地及空间资产，有效提升社会资源利用率，使小微企业、园区、供电公司、产业链等多方得以共享电网资源及建设成果。此外，项目以分布式数据中心为基础，融合各类数据资源，创新共享构建算力基础设施和行业智慧平台，为工业智能化升级服务，打造一套可供复制推广的"样板"。

工业园区限制配电房模拟图

专业性	安全性	保密性	及时性
聘请具有服务器安全网站环境搭建、系统故障排查经验的专业工程师，比企业用户内部技术员更加专业可靠	数据中心具备硬件防火墙、违法信息监控、关键词过滤等多项安全保障服务	每一位工程师都签订"安全保密协议"，确保客户数据的保密性	保姆服务客户24小时实时服务器监控屏幕，一旦发现问题，系统自动报警，专业工程师立即解决，及时恢复

"分布式数据中心"后期维护优势

▌响应及时,让用户放心

分布式数据中心与多个远程客户端实时在线连接，实现生产办公协同、数据存储共享、数据处理、虚拟化技术应用等诸多功能，并通过一体化资源调度平台进行控制管理。当分布式数据中心发生异常时，采用短信告警、移动App告警、微信告警等多种提示方式，通知运维人员及时消缺。

此外，分布式微型数据中心（Micro Data Center，MDC）将IT设备与制冷、不间断电源（Uninterruptible Power System，UPS）、消防等基础设施进行一体化紧密集成，移动灵活的同时能够充分满足用户对安全性、稳定性的要求。

国网杭州市临安区供电公司在开展电力常态化运维工作的同时，为用户提供数据中心巡视、检修等服务。

数据传输速率与稳定性示意

分布式数据中心运行体系

部署灵活，让用户舒心

分布式数据中心自主灵活，可采用一体化机柜、微模块、集装箱等多种建设方案，面积小到10平方米一个机柜，大到几平方米几十台机柜均可实施。

分布式数据中心利用与需求用户相近的配电房、开关站等站点内闲置空间资源，以较小的空间和模块化安装使其可以部署在传统大型数据中心无法实现的位置，向用户提供标准化、专业化的数据存储、计算及其他服务。

通过拉近"客户端"和"服务器"计算机的地理位置，显著降低数据存储和处理延迟，并极大程度降低运维成本，减少用户业务中断风险。

费用压降，让用户省心

根据市场调研，"企业云"每年每TB空间租赁价格约为948元，租赁专业数据中心每年每TB空间租赁费用为7500元，分布式数据中心每平方米建造成本在1.5~2万元，每月运维成本2000元左右，按照每个分布式数据中心单个用户1T空间需求计算，分布式数据中心可服务20~30个用户。

位于临安区玲珑小型工业园区（锦天路669号）的杭州乾龙电器有限公司配电房已开始试点实施，园区有一座10千伏配电房，该配电房有12平方米闲置空间可利用。园区内有6家中小型普通企业用户，均已实现本数据中心资源共享，单个用户年收费为3000元/TB，均低于租赁"企业云"和专业数据中心模式。

分布式数据中心试点

占地小	最小10平方米即可部署
模块化	提高施工速度，减少
灵活度高	弥补传统大型数据

标准化服务

分布式数据中心优点

分布式数据中心试点现场图

项目成效

实现空间共享，降低企业投资成本

该项目模式有效提高闲置空间利用率，同时帮助企业用户降低自建服务器机房成本和后期运维成本。根据微型数据中心单位造价1.5~5万/平方米，占地10~50平方米测算，该模式可帮助单个用户节省建设投资15~250万元。

*根据微型数据中心测算

| 1.5~5万/平方米/单位造价 | 10~50平方米/场地 | 15~250万元/节约成本 |

该项目可为企业降低成本

获得增值收益，形成可推广的商业模式

该微型数据中心具有低成本、可扩展和绿色经济特点，既帮助用户以经济高效的方式解决数据存储、处理的延迟性问题，同时项目本身具有良好的经济效益，可形成商业模式。按单个用户1T空间需求，冗余50%测算，单点（单点面积10~15平方米）最大可服务20~30个用户左右。按单点投资成本15~20万元，单个用户年收费3000元（通常云存储收费标准）测算：如果按单个用户1T个空间需求，冗余按50%预算，单点（单点面积10~15平方米）最大可服务20~30个用户。随着单点用户的数量增加，边际效益将明显增长。

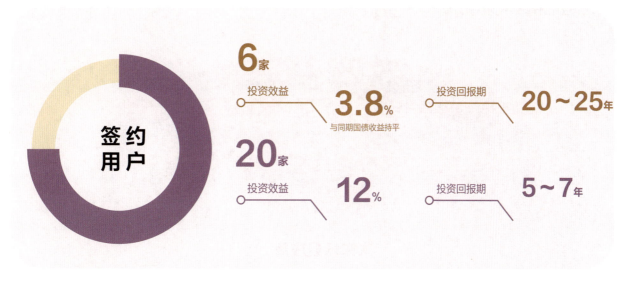

经济效益测算

助力低碳经济，为建设绿色数据中心献计献策

"满天星"模式巧妙运用配电房空间闲置与数据中心建设土地使用需求的重叠性，有效整合社会资源，减少数据中心设备对土地公共资源的占用。同时通过重新部署，避免数据中心的重复建设以及小微企业的重复投资，大幅降低基础设施建设成本。此外，由于数据中心高效利用配电房中的剩余空间，有助于降低制冷系统的电能消耗。

○ 土地占用（平方米）
○ 钢材消耗（千克/平方米）

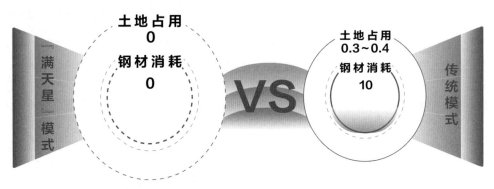

"满天星"模式与传统分布式数据中心资源使用对比

优化营商环境，利用专业优势提供用电解决方案

该项目模式通过配电房共享和数据中心运维服务，可为用户提供配电房巡检、数据中心安全运维等增值服务。同时，供电企业还能充分利用自身专业优势，为用户提供可靠电力和节能降耗的解决方案。

推动数智赋能，增强当地招商引资底气

针对低延迟性要求高的企业，分布式数据中心在工业园区的落地，既解决了数据存储问题，又降低了企业的成本，能够为当地招商引资提供助力，增强园区的企业黏性。

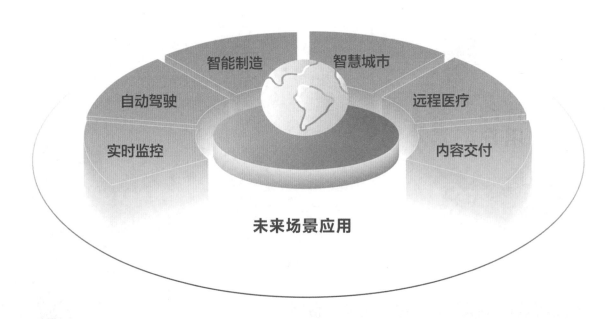

"分布式数据中心"的发展前景

利益相关方评价

"满天星"项目的商业模式我们是高度认同的，经过一段时间的运行后，我们和租赁分布式数据中心公司的朋友们一致认为在不影响配电房安全的前提下，分布式数据中心是解决小微企业数据存储和数据处理难的最优方法，解决了小微企业的后顾之忧。

—— 杭州乾龙电器有限公司

分布式数据中心是一个前景广阔的项目，如果该模式推广至全省全市，对于招商引资、提振小微企业信心都有着巨大的意义，下一步滨河产业园将计划引进"满天星"模式，构建新一代小微企业数据处理体系。

——临安区青山湖LinkPark滨河产业园

媒体宣传推广截图

工作启示及下步计划

▌ 多方合作，携手数据中心升级改造

2022年底，工信部、国家发展改革委等提出加速绿色数据中心建设。PUE是评估数据中心能源效率的关键指标，PUE越接近1表明制冷、供配电等非IT设备耗能越低，即绿色化程度越高。数据中心有相当一部分电力用于芯片散热，因此减小散热消耗、提升用能效率，成为数据中心绿色运行的重要发展方向。伴随"满天星"模式的持续推广，国网杭州市临安区供电公司将结合绿色建筑设计及其他先进的数据指标，与临安经信部、行业专家、高校合作，形成分布式数据中心能源管理解决方案；依托大有集团丰富的建设经验，对数据中心进行改造升级，进一步降低能耗，提高电源使用效率。

▌ 空间共享，开拓无废城市创新思路

在新常态经济发展背景下，城市建设也开始由增量扩张进入存量优化的新阶段，城市中原本利用率不高的闲置空间成为更新改造的首要目标。临安公司深度挖掘、合理规划城市中未被充分利用的闲置空间模式，使其重焕生机，节约了大量土地资源、建材资源等，降低了分布式数据中心的部署成本。高效整合社会资源的意义不仅在于有效减少数据中心的重复建设、小微企业的重复投资，更在于为变电站、通信基站等其他类型的空间共享提供创新思路。南京某变电站已实现与某通信运营商的合作，利用变电站内的闲置空间搭建服务器基站，探索出一条跨界共建共享的全新发展道路。临安公司将发挥桥梁纽带作用，结合通信、分布式数据中心等产业发展对散点空间的需求，推进闲置空间共享进程，贡献城市基础设施建设质量提升。

05 / 乡村振兴

乡村众筹经济的绿色血液，共建共富"微能源网"助力乡村振兴

共建共享，打造畲乡全绿电共益圈

"智行e站"畅通乡村电动汽车出行"最后一公里"

乡村众筹经济的绿色血液，
共建共富"微能源网"助力乡村振兴

社会责任根植助力农业转型电力服务模式创新

项目实施单位
国网平湖市供电公司

项目实施人员
吕一凡　万家建　陈望达　朱萧轶　孙舒柳
江锡忠　邹志峰　俞　涛　龚以帅　任雯倩

项目实施时段
2020年3月—2022年10月

项目背景

在乡村振兴的引领下，我国农业现代化飞速发展，国家科技部在全国成立283个农业科技园区，大力推进传统农业升级转型。平湖市广陈镇是浙江省首个农业经济开发区，也是浙江省"农业硅谷"，育种方舱、植物工厂是主要的生产模式，电能替代了土壤，农业发展迈入3.0时代，但新挑战也接踵而至。

育种方舱和植物工厂

农网供电能力有限，安全保供压力大。农网升级改造速度难以满足现代农业电能需求20～30倍的增速，电网资源匮乏，无法满足植物方舱和育种温室等的双电源供电需求，"项目等电"的现象多次出现。

农业用电"量价齐升"，企业经营成本高。现代农业企业由于产业融合发展，无法享受农业电价优惠，多执行一般工商业电价，用电成本高；各类科学植物培育设备需要24小时不间断用电，项目能耗高。

农业碳排放不降反升，减碳降碳任务重。大功率植物培育设备的不断引入，导致农业成为新的碳排放大户，政府"双碳"治理面临全新挑战。

国网平湖市供电公司紧抓现代农业特色，把"负碳"作为解决农业现代化转型的能效提升目标，共建集中、多元、降成本的全新商业模式，探索出一套共建、共赢的"微能源网"方案解决农业转型难题，创造经济、社会、环境综合价值。

思路创新

治理思维转变,主动融入农业需求

国网平湖市供电公司从农业转型的一二三产业融合、城乡统筹发展、共同富裕建设等新农业转型根本性需求出发,融合工业治理理念,创新推出针对农业的清洁能源分配和消纳模式,借鉴服务业清洁能源替代的无感知调节,打造农业体验配套服务。突破原先以"客户管理"思维的内部工作视角,转换为以客户需求为主的"客户服务"思维,主动融入现代农业企业用能难题治理,扎根土地调研需求,以牵头方的角色推动现代农业企业接入数字化农业共富新型电力系统,为其彻底解决用能难题。

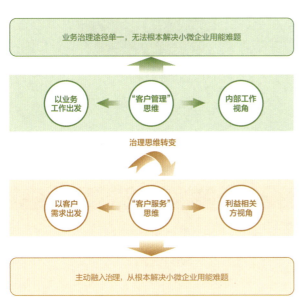

从"客户管理"到"客户服务"治理思维转变

合作思维转变,实现参与各方共赢

精细化分析农业企业生产经营和用能特性,主动沟通识别新型农业企业、开发区政府、村集体作为核心利益相关方,创新引入负荷聚合商这一新利益相关方,与利益相关方建立基于优势互补、资源共享、项目共建、互利互惠、合作分工、可持续发展的模式,并确定项目合作模式,健全各方工作机制,成立"负碳农业硅谷战略联盟",凝聚各方力量共同推进农业企业用能难题治理,建立企业间可交互的"微能源网",推动形成5方共赢的清洁能源利用新模式。

利益相关方合作参与五方共赢合作模式

运营思维转变,打造推广商业模式

国网平湖市供电公司以氢光储充一体化新型智慧能源系统为依托,借鉴工业"小微园区"管理模式,将园区内高能耗农业企业"化零为整",破局引入第三方合作机构负荷聚合商作为能源托管运营商,形成集中能源托管的低碳运营模式,重构农业能源系统新形态,建设农业微能源网。能源托管商进行微能源网中清洁能源项目的投资建设和运营,通过数字化手段优化多种能源配置方式,向企业灵活输送清洁能源,降低企业用能成本。为没有能力消耗掉自身清洁能源发电量的农业企业增收,为没有条件安装清洁能源发电的农业企业提供清洁电力,并且村集体或企业可以自愿参与投建并分红。微能源网帮助农业企业解决用能降本增效的实际问题,让农业回归"负碳"本色,为全国各地农业转型和发展提供可推广、可复制的商业模式。

能源托管运营模式

主要做法

▌深入地头田间，剖析农业"新需求"

立足问题，厘清现代农企用能困境

国网平湖市供电公司以农开区内"众筹经济"的"数字化现代农业"产业为对象，对运用多光谱、高密度、沙培水培气雾培等新农业业态进行实地研究，历时3年时间，跟踪走访园区53家农企，发现企业在能源转型农业园区建设过程中存在的四类用能难题，并基于此从"三高一低"四个维度梳理出企业用能困难的形成原因。

合作共赢，识别相关方合作期望

根据企业资源主动联系开发区政府、村集体、新型农业企业等利益相关方，并创新引入负荷聚合商这一利益相关方，确定各方期望诉求，挖掘各方优势资源，分析各方预期收益，形成五方共赢合作模式。能够充分发挥各方的优势资源，对促进地方经济发展具有积极的意义。

农业四类用能难题

利益相关优势资源及利益诉求分析

利益相关方	参与意愿	核心诉求	优势资源
开发区政府	非常强烈	· 降低企业用电接入、运维、管理压力 · 提高农业现代化转型水平，推进乡村振兴 · 提高省域毗邻地区等电网末端供电能力 · 提高农村清洁能源占比和电气化水平	· 统一协调管控能力 · 行政执法权 · 政策制定权
新型农业企业	非常强烈	· 降低用能成本，降低企业经营成本 · 降低能源项目建设成本和使用支出 · 找到可供企业全国推广的用能解决方案	· 农企屋顶等资源充足 · 功能用地充足 · 高碳植物栽培技术
供电企业	非常强烈	· 提升用户侧设备的运行可靠性 · 提升设备运维的专业性，减少故障率 · 提高企业供电能力，满足用户用能需求 · 降低电网增容扩建压力	· 电力技术资源，能源设备维护优势 · 电网建设规划配置优势 · 用户沟通协调
村集体	强烈	· 降低安装光伏设备成本 · 降低能源项目建设成本和使用支出 · 提高生活质量和生活水平	· 农户屋顶资源闲置 · 村集体规模优势 · 闲置劳动力充足
负荷聚合商	强烈	· 增加能源收益 · 产业链收入增加	· 资金充足 · 集中管理能力

创新先行先试，打造能源"新系统"

示范先行，打造氢光储充新型能源站

国网平湖市供电公司坚持问题导向、效能导向，以浙江东郁果业有限公司为基地，建设一体化氢光储充智慧能源系统，打造"负碳"数字化农业园。在建设路径上，按"小切口、大场景"的建设思路，按照最小单元，精准补强源网荷储和终端采集能力，在了解东郁果业"植物工厂"用户用电负荷特性，以及用电"量大价高"的痛点难点后，通过"供电+能效服务"，定制节能方案，建设氢光储充一体化新型能源系统示范工程。

在满足用户用能的情况下，提升能效水平，降低碳排放，并提供安全、可靠、清洁、优质的电力供应，同时降低企业用电成本，提高经济效益。通过氢光储充一体化新型智慧能源站的运营，实现用电零碳排放，再加上

	氢能微型热电联供系统1套	34.6万千瓦时	预计年发清洁电量
建设氢光储充一体化新型能源站1座	光伏发电站1座	170.6吨	预计减少二氧化碳排放
数字化改革场景应用支撑1个	蓄电池储能站1座	146万元	预计每年节能收益
	电动汽车快充站1座	131.4万千瓦时	年提供可调节电量

氢光储充新型能源站系统架构

"植物工厂"利用碳捕集、碳封存技术供植物生长光合作用消耗的大量二氧化碳（年消耗36吨），使得园区不仅不排放碳而且还消耗碳，率先实现农业"负碳"。

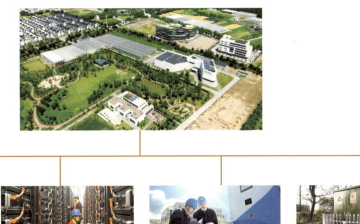

光伏发电站

储能站

电动汽车充电站

氢能发电站

氢光储充新型能源运营模式

数字赋能，建设数字化调度监控平台

国网平湖市供电公司融合能源电力与数字化技术，建设氢光储充一体化监控制系统，满足充电场站充电运营、光储用能调配协同控制，最终实现光储充一体化调配的智能化管控。

数字化农业"微能源网"智慧调度平台

推进共建共富，构建能源"新体系"

国网平湖市供电公司作为牵头角色，以满足各方核心诉求为前提，以发挥各方优势资源为核心，联合新型农业企业、平湖市政府、村集体、负荷聚合商等利益相关方

构建多方协同共建机制，明确各方职责分工。建立完善的合作联络模式，共建共富"负碳"农业微能源网。

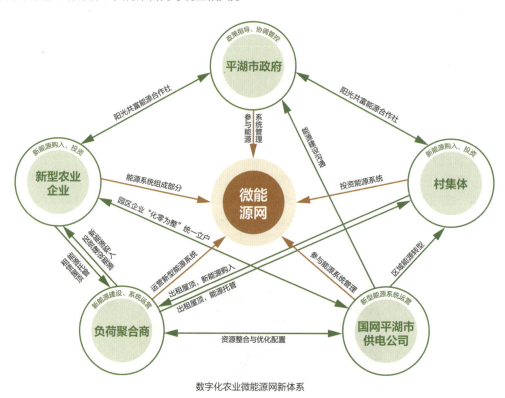

数字化农业微能源网新体系

规模全面发力，组建农业"新联盟"

深度政企合作，加快农业绿色低碳转型

国网平湖市供电公司与平湖农开区签约建立共同打造"负碳"农业硅谷战略联盟，围绕"数字化牵引"和"农业降碳转型"进行合作。此外，国网平湖市供电公

司还依托能源数据治理实验室平台，接入农开区63家现代化农业企业的各类用能数据，为他们量身打造"负碳"用能方案，实现微能源网在农开区的全面覆盖。

成立"负碳"农业硅谷战略联盟

持续深化建设，实现乡村产业振兴"两化"

在农业生产现代化、数字化和智能化等新技术、新要求和企业用能成本需求下，结合负荷用电特性等为用户量身定制"供电+能效"的设计方案；推动农产品加工包装、仓储保鲜、冷链物流等全产业链电能替代，农业生产从粗放型向精细化、低碳化转变，实现农业生产低碳化。

在居民宿群、景区等领域开展清洁能源改造，持续投入含电炊具、电采暖等电气化设备；以能源托管的形式清洁化改造路灯、景观灯等配套电力设施；在公共停车场、旅游景区建设电动汽车配套基础设施，简化农业示范园内农户报装电动汽车充电设施的流程，提升绿色出行的便利度，不断提升农村生活清洁化。

农业生产现代化

农村生活清洁化

项目成效

▎实现多方共赢，共建微能源网

通过建设共建共富新型电力系统微能源网，不仅为农业企业解决清洁化改造成本过高的问题，又降低了农业企业用能成本。为农业企业解决了清洁化改造成本、用能成本过高的问题；安装清洁能源的农业企业并入微能源网获得更高收益；为没有条件安装的农业企业提供清洁电力；村集体投建清洁发电项目获取收益；农业产业发展解决村民就业。

▎能源集中托管，提升电网安全

通过负荷聚合商的集中托管运营，将极大程度提升用户侧设备的运行可靠性，同时微能源网的相对独立，也能够起到故障隔离的作用；多发清洁电量就地消纳避免潮流返送；通过灵活的削峰填谷，降低电网运行峰值负荷，节约电网增容改造成本近千万元。

降低用能成本，助力双碳目标

通过建设微能源网，以电带气，减少农企保温用天然气燃烧污染；储能来自动力电池二次利用，有助于减少化学污染；改用新能源车出行，减少二氧化碳、硫氧化物等的排放；每年发出清洁电 209.2 万千瓦时，相当于减碳1031.4吨，加上充电桩收益，每年可节约用能成本146 万元。

2022"直通乌镇"全球互联网大赛总决赛荣获特等奖

强化价值传播，提升央企形象

共建共富微能源网获得了中央人民政府网、央视新闻联播、焦点访谈等的广泛报道，受到浙江省委省政府、国家电网公司相关领导批示肯定。

有关工作登上央视焦点访谈、新闻直播间

利益相关方评价

对国网平湖市供电公司以"氢光储充"探索农业"负碳"新模式表示充分肯定，并指出："希望省能源局总结好、提炼好这一新业态模式，予以积极推广。"

——浙江省人民政府

该项目先行先试新型电力系统赋能国家级农业产业园数字化转型，对当前浙江高质量发展建设共同富裕示范区具有积极的意义。

——浙江省发展规划研究院

供电公司的新模式使农开区内的新农业园能共享清洁能源发出的电，享受氢能、光伏、储能、充电桩建设红利，既满足了企业用能需求，有降低用电投资成本，为我们推动传统农业加速升级提供了强劲动力。

——平湖农开区

农业生产完全由清洁能源来供能，我相信这是首例，这对于回答城市如何发展农业这个命题，具有很大的示范意义。供电公司的能源系统方案，对于我们来说是"梦寐以求"的。

——上海东郁农业发展有限公司

工作启示及下步计划

问题导向，彰显行业价值

国网平湖市供电公司主动融入政府高质量发展遇到的现代农业企业用能难题，积极面对农村地区新型农业产业电力"供不上、供不好"的客观难题，寻求多方共赢的解决方案，重构农业能源系统新形态，用专业解决"三高一低"四类难题，用难题促进农村电网建设发展，为乡村振兴提供坚实能源保障。

特色方案，助力转型推广

国网平湖市供电公司利用微能源网构建共富农业新型电力系统商业模式，帮助"农业硅谷"63家农企解决用能降本增效的实际问题，下一步计划将微能源网和"助农联盟"推广到全国各现代化农业园区为育种方舱、植物工厂等农业高新技术的全国推广提供降本增效保障，为乡村振兴提供浙江经验。

共建共享，
打造畲乡全绿电共益圈

社会责任根植"绿电100%"示范工程建设

项目实施单位
国网景宁县供电公司

项目实施人员
陈悦君　江　俊　奚松松　陈佳红　王舒层

项目实施时段
2022年1—12月

项目背景

浙江省景宁县是华东地区唯一的少数民族（畲族）自治县，是全国首个"农村小水电之乡"，也是全国首批"绿色能源示范县"，优越的自然资源禀赋推动形成了以水电为主、光伏为辅的清洁能源供电格局。但清洁能源易受季节、天气等因素影响，存在不稳定性。在水电光伏受限阶段，仍依赖外部电力输入，难以实现全域、全时段的绿电供给。如何满足畲乡人民生产生活全域、全时段均享受清洁能源的需求，让"零碳""共富"成为景宁县的新名片，关键要解决清洁能源发、供、用三者间的平衡问题，同时推动各利益相关方广泛参与，实现利益共享。

为此，国网景宁县供电公司创新提出"绿电100%泛微网，点亮畲乡零碳共富路"社会责任根植项目，以零碳共富为主线，百分百清洁能源供给、百分百就地消纳、百分百全员参与和百分百多方共赢为目标，运用共享价值、社会资源整合、品牌化运作等社会责任理念，推动景宁县零碳共富工作在能源领域的全过程优化、全方位合作和全员参与，助力打造全国零碳示范县城的景宁样板，力争实现景宁全域365天全时段百分百绿电供给，谱写畲乡人民新时代的幸福蓝图。

思路创新

根植共享价值创造，探索畲乡零碳共富创新机制

转变为减碳而减碳的单一价值取向，引入共享价值创造理念，着眼于企业价值与社会价值倍增、多方共赢的目标，以建设零碳县城的能源板块为切入点，围绕电源侧、电网侧、用户侧等各方面，探寻减碳与增收兼顾的机会，设计更加合理的清洁能源开发利用的成本共摊与利益分配机制，保障景宁生态价值的可持续利用，带动全县人民共享零碳发展的共富成果。

共享价值创造的创新机制

根植社会资源整合，搭建畲乡零碳共富合作机制

转变政府、企业、社会各自为阵的减碳工作模式，引入社会资源整合理念，充分识别零碳县城建设的各利益相关方，分析各方的诉求、优势与困境；找准电网企业的角色定位，发挥电网企业核心枢纽与资源配置功能，从资金、技术、人才、资源、政策等方面建立合作机制，联动共建零碳共富县。

根植责任品牌运作，设计畲乡零碳共富参与机制

转变以企业参与为主导、工程技术为核心的工作思路，引入公众参与和品牌化运作理念，打造"绿电100%"履责品牌，策划电力碳标签、"全电+"等零碳子品牌，设计一系列公众参与活动机制；构筑零碳共富主题的宣传推广矩阵，打造多元文化体验，增强群众绿色发展意识，倡导绿色低碳生活，营造零碳县城建设的浓厚氛围。

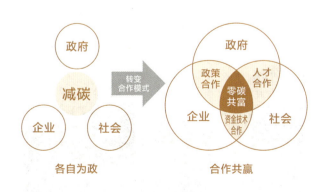

社会资源整合的合作机制

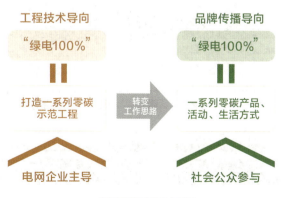

责任品牌运作的参与机制

主要做法

全过程优化，实现绿电产业价值与环境社会价值共创

充分把握乡村振兴、共同富裕等国家战略契机，从电源侧、电网侧和用电侧全过程创造零碳共富的价值空间与机会，以"自营投资+运维服务"相结合的方式，挖潜全县清洁能源开发潜力与利用占比，提升水电运营效率，加快实现全域全时段百分百绿电供给与消纳。

绿电产业价值与环境社会价值共创具体举措

	思路	举措
电源侧	盘活空间资源，增挖光伏开发潜力	推动分布式光伏项目进山区、进园区、进学校、进机关
	接管智能运维，提升水电运营效率	推出小水电站"线上+线下"集中代运维、水电综合检修、智慧托管等业务
电网侧	落地示范工程，构筑百分百绿电供给支撑	建立"县域-平衡区-线路-台区"多层级百分百绿电的泛微网架构
	创新工作机制，实现清洁能源最大化供给	探索水电企业参与需求响应模式，建立水电负荷聚合平台，动态调控发电负荷
用电侧	深化电能替代，提高清洁能源利用占比	出台充电桩五年规划，打造县城2公里电动汽车充电圈，电气化村、全电景区、全电民宿等特色场景
	推广能效服务，引导全社会"控碳"	加强对政府机关的公共能效、综合能效评估，实现增量工商业专变用户能效方案推送率达到100%
	需求侧响应，挖掘"荷"侧可调节资源	完成澄照园区18个企业改造，完成万江商业、那云文旅等12家商业体空调负荷摸排，预计可调可控负荷2500千瓦

红船共产党员服务队检查屋顶光伏设备

红船共产党员服务队对公交车停车场充电桩进行安全检查

全方位合作，构筑山区生态型能源互联网合作生态

依托浙江省高质量发展建设共同富裕示范区，充分整合绿电百分百发展的社会资源，从政策、资金、技术等各个方面，全方位展开利益相关方合作，优化绿电发展的政策环境与创新氛围，开拓更多元化的融资渠道，助力景宁构筑山区生态型能源互联。

智慧光伏运营管理平台

沙湾镇光伏发电项目与供电公司签订代运营协议，接入智慧光伏运营管理平台

构建山区生态型能源互联网合作生态具体举措

	思路	举措
政策合作	融入"一县一策"，着力优化绿电政策环境	联合发展改革部门将光伏开发、管沟管道建设、站址廊道保护和电网发展"十四五"规划相结合
	强化政企协同，促进政府机关以身示范	加强在公共机构屋顶光伏、新能源汽车推广、能源托管等业务上的政企合作
资金合作	"绿电聚合"交易，助力光伏企业收益开源	承接全市首个社会光伏项目数字化管理服务，将景宁县分散的光伏资源统一打包，逐步参与浙江省绿电交易
	"绿色金融"服务，拓展"绿电100%"融资渠道	推广"电e贷""网融链""碳金融"等绿色金融产品，引入合同能源管理、融资租赁等新业务模式
技术合作	借力低碳联盟，促进绿电技术交流合作	在源端减排、绿色用能、零碳电网、低碳生活等重点领域开展技术合作
	依托创新基地，培育绿电骨干技术人才	以新型电力系统研究创新基地、青工创新工作室为主要阵地，全面推进员工技能提升

利益相关方分析

利益相关方	参与意愿	核心诉求	优势资源
政府部门	非常强烈	·推动产业结构调整和优化升级，实施节能项目 ·促进区域交流，缩小发展差距 ·建设和美景宁，减少污染排放	·研究和编制县域经济和发展战略计划 ·对企业发展的政策、资金支持 ·承担有关行政审批事项 ·负责城市基础设施的规划、建设工作
水电站、光伏电站	非常强烈	·应发尽发，尽量减少能量流失 ·合理调度，尽量减少非计划解列 ·有专业上门服务团队指导设备检修维护等	·优质绿色资源，提供绿电 ·调控灵活性
供电公司	非常强烈	·利用景宁优质自然资源禀赋，推动电能替代 ·建设灵活坚强电网，提高稳定供电能力 ·塑造良好品牌形象	·电力资源调度 ·专业人才技术队伍 ·水电、光伏项目支持运营能力
乡镇政府	强烈	·发展乡村经济 ·保护生态环境 ·寻求绿色发展产业	·属地政策支持 ·属地资源综合协调能力
居民	强烈	·更新传统设备，寻求节约、可靠的能源供应 ·有专业上门服务团队定期进行设备检修维护等	·用地等资源支持
媒体	强烈	·宣传本地绿色发展成果 ·热点新闻宣发	·社会影响力 ·公信力 ·舆论引导力

全员参与，培育全民参与零碳共富建设的社会氛围

根植品牌化运作的理念与方法，联合发电企业、用户等利益相关方，梳理和策划"绿电100%"系列落地产品，品牌传播与公众参与相结合，从碳达峰碳中和、乡村振兴、共同富裕等各个角度挖掘报道"绿电100%"的经济价值、社会价值与环境价值，从能源消费、衣食住行各方面引导公众参与减碳行为，引导百姓转变生活方式，共创零碳共富畲乡。

"绿色 低碳 节能 先行"节能宣传周暨大花园建设宣传活动

短视频作品《绿色电流的一生》

畲乡零碳旅游打卡地

培育全民参与零碳共富建设意识具体举措

	思路	举措
品牌传播	品牌策划，打造"绿电100%"品牌落地产品	设计"绿电100%"全流程打卡地；依托智能家居零售业务宣传推广节能减碳产品，2天活动期间共计销售100多万绿电产品
品牌传播	超前传播，多渠道多角度开展"绿电100%"宣传	出品《"碳"路高质量绿色发展的"景宁样板"》《"浙丽"备村步入百分百绿电生活》《绿水青山间"电"靓美好生活》等系列报道，短视频《绿色电流的一生》荣获2022年第十届全国品牌故事大赛总决赛一等奖
公众参与	编制零碳消费清单，引导百姓低碳生活	编制"绿色低碳 节能先行"零碳消费清单，制作相关宣传手册折页在营业厅展示，向百姓免费发放
公众参与	设计电力碳标签，营造碳中和全员参与氛围	试点推广"能效账单"功能应用，能效账单高压用户覆盖率达100%；策划"绿色 低碳 节能 先行"节能宣传周暨大花园建设宣传活动

项目成效

助力打造景宁零碳县城标杆

通过"绿电100%"项目执行，切实从电源侧、电网侧与用户侧全过程提升景宁县清洁能源供给水平、清洁能源安全上网比例以及用户使用清洁能源占比，实现全县清洁电源占比100%，公共交通中纯电动新能源车占比100%。打造了一大批山区分布式光伏发电项目、2千米电动汽车充电圈，以及那云天空之城全电民宿、云中大漈和大均畲乡之窗全电景区等零碳共富示范点。2021年，全县外送水电、光伏等清洁能源最大负荷32万千瓦，成为365天全天候不间断清洁能源自平衡全国第一县，为全国推进零碳示范县建设树立"景宁标杆"。

促进畲乡人民生活满意幸福

通过"绿电100%"项目执行，降低景宁地区化石能源消耗与污染排放，进一步改善当地生存环境。通过光伏发电、电能替代、家电新零售等工作，切实帮助里户降本创收，通过参与式、体验式活动，让群众用上省心、省钱、绿色的"好电"，推动民族地区城乡高质量发展，展现景宁"小县名城·秀美畲乡"发展之美，让畲族人民真正体验到零碳县城建设所带来的环境效益、社会效益和经济效益，提升人民生活幸福感与满意度。

优化公司运营与社会影响力

通过"绿电100%"项目执行，为供电公司转型升级创造条件，实现绿电100%泛微网、清洁能源汇集站、能源管控平台等一系列示范工程落地景宁，构建了坚强智能电网，打造出山区生态型能源互联网"特色窗口"。国网景宁县供电公司电网建设与运营成本实现双下降，通过主动参与景宁县零碳共富建设，引领全县人民参与碳减排行动实践，赢得社会公众的认可与尊重，进一步提升国家电网有限公司在基层的品牌形象与社会影响力。

利益相关方评价

"十四五"规划与光伏开发和电网发展等做了结合，为以后合理推动县域经济发展做了很好的尝试。

——县发展改革局

电站办理托管后，设备升级了，我们也省心了，重要的是收益变多了。

——小水电站负责人

今年景区新安装了变压器，大多数农家乐也做了电气化改造，整个面貌焕然一新，未来接待更多游客更有信心了。

——云中大漈农家乐老板

工作启示及下步计划

强基固本，升级"绿电100%"的硬件配置

探索基于泛微网模式的新型电力系统演进路径，开展泛微网模式下的配电网分层分级和源网荷储协同的规划研究，提出未来配电网形态及其技术、经济原则，结合现有配电网联络、转供优势，提出传统配电网向泛微网形态演进策略和过渡模式，并开展多分段、多联络、多微网接入的配电网网架结构试点，为百分百绿电消纳夯实电网基础。

整合融入，优化"绿电100%"的软件环境

试点绿电100%商业模式，推动引导小水电开展自动化改造，吸引优质资源接入泛微网水电数智集中运维平台，建立水电集群调度和集中运营机制，推动社会资源参与资源调节和电网保供，实现社会综合能源平衡与"绿电100%"系统建设相互促进，共建共享鑫乡全绿电共益圈，在丽水"碳中和先行区"建设中形成可推广、可复制的零碳共富景宁发展模式。

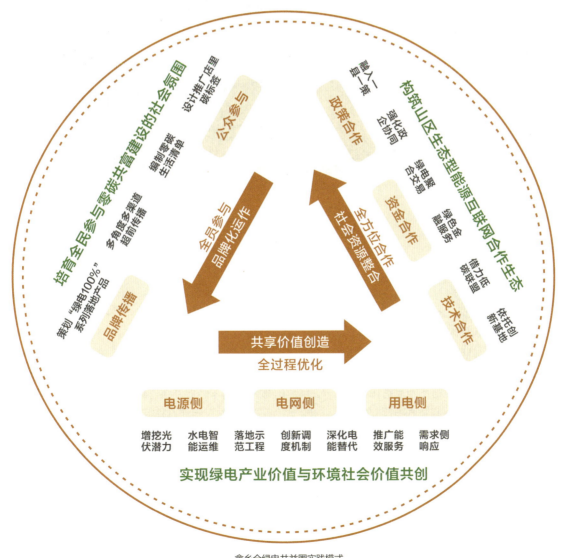

畲乡全绿电共益圈实践模式

"智行e站"畅通乡村
电动汽车出行"最后一公里"

社会责任根植乡村电动汽车产业生态圈

项目实施单位
国网台州市路桥区供电公司
国网浙江电动汽车服务有限公司

项目实施人员
李伟刚　陈　宏　陈小鲁　许　多　曹笑笑
陈吉奂　朱顺波　李　梁　陈婧韵　樊晓云

项目实施时段
2022年1—12月

项目背景

据中国汽车协会统计数据，2022年我国新能源汽车销售量增长迅速，累计销量达到687.2万辆，同比增长达95.95%，新能源汽车产业正迎来爆发式增长。同时，行业发展和技术进步推动了新能源汽车行业的汽车产品性能不断提升、产业链不断完善和延伸、产业间加速融合创新等，可见新能源汽车行业拥有着强劲的发展潜力和广阔的发展空间。而充电桩作为新能源汽车产业的基础设施，随着社区居民充电补能需求越来越旺盛，已经成为最紧缺的"社区新基建"。浙江各类充电基础设施主要集中在城区和高速服务区，农村公共充电基础设施布局建设偏少、覆盖面相对不足的问题凸显。

针对上述问题，国网台州市路桥区供电公司牵头，联合国网浙江电动汽车服务有限公司、发展和改革局、消防、人防、方林村等利益相关方，以促进乡村居民出行方式升级为出发点，以台州方林村为试点打造引领电动汽车产业"生态圈"为典型示范，以优化升级"智行e站"电动汽车综合服务交互平台为载体，以加强乡村充电设施全生命周期规划建设运营为抓手，建机制、抓项目、创示范、强服务，助力破解乡村电动汽车出行"最后一公里"难题，打造可复制、可推广的"路桥经验"。

思路创新

▍根植理念，达成多方合作共识

改变以往供电公司单方面解决涉电问题治理的工作思路，认清问题的本质在于主体缺位、体制不顺、条块分割，协同管理机制尚不健全，缺乏执行主体及有效的沟通平台。本根植项目从统筹谋划充电基础设施建设运营方向和路径的全局着手，深入展开项目调研，识别利益相关方，厘清各方意愿、能力、资源和优势，运用合作共赢、长远价值等理念推动各方形成合力，达成合作共识，多方联动畅通乡村地区电动汽车出行"最后一公里"。

▍虚实结合，创设"充电焦虑指数"

坚持问题导向，广泛应用感知评价工具，想客户所想、急客户所急，借助"利益相关方调查问卷"，梳理路桥地区乡村居民普遍关注的焦点，综合研判后设定"充电焦虑指数"指标。任意一个社区内所有新能源车用户的焦虑指数平均值即为该小区的整体水平。对于焦虑指数水平高、极高的小区，路桥公司给予重点关注，并在统一规划的基础上优先对接改造事宜。

新能源车用户"充电焦虑指数"示意

▍数智赋能，提升运维服务水平

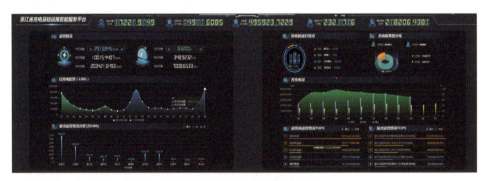

"智行e站"电动汽车综合服务交互平台

"智行e站"手机App

以浙江省电动汽车充电基础设施智能服务平台"智行e站"电动汽车综合服务交互平台为载体，全面提升用户对充电桩的使用体验。一方面，借助"智行e站"，提升充电桩实时动态数字化管理水平，实现充电桩使用用户、充电时长、充电量、点位、故障等数据的高频度实时采集，通过嵌入大数据算法与行业标准算法，构建以"智行e站"为载体的充电基础设施运维管理体系。另一方面，立足"智行e站"数字化平台，整合企业、政府、用户、供应商、运营商等利益相关方资源，协作配合，优化充电基础设施布局，同时针对用户开发配套掌上App提高充电基础设施使用效率和充电体验，极大提升运维服务水平。

主要做法

坚持问题导向、达成多方共识

针对充电基础设施，尤其是充电桩建设过程中的难点，与国网浙江电动汽车服务有限公司联动形成工作方案，并整合电动汽车销售商、市场化设备供应商和运营商、乡村地区和老旧小区电动汽车车主等利益相关方，对其参与根植项目的困难和价值诉求进行详细剖析，努力形成价值共同点，形成项目根植合力。

利益相关方价值诉求分析

利益相关方	参与意愿	现状及面临的困难	价值诉求
政府部门	非常强烈	·充电难导致新能源汽车发展受阻 ·各方面资源也不匹配 ·政策落实需要多方协同，尤其是要调动各市场主体的积极性	·推动电动汽车发展 ·完善充电基础设施 ·数字化提高监管效率 ·提升人民满意度
电动汽车销售商	非常强烈	·充电设施不完善影响销量	·促进销量提升
方林汽车城	非常强烈	·充电桩较少，难以从传统燃油车销售服务转向新能源汽车销售服务	·抢抓新能源汽车赛道，打造台州最大的电动汽车销售基地
乡村地区和老旧小区电动汽车车主	非常强烈	·出行充电难 ·个人充电设施安装难	·高效办桩 ·提高农村地区充电桩布局密度
供电公司	非常强烈	·充换电基础设施建设涉及面广，难度大，需要协同的单位和部门多，利益诉求差异大 ·充换电设施规划建设运维缺乏协同共管机制 ·塑造责任品牌形象	·牵头农村地区和老旧小区 ·充电桩建设安装和运营维护 ·顺利推进充电桩安装建设
国网浙江电动汽车服务有限公司	非常强烈	·充换电基础设施建设涉及面广，难度大，一己之力难以实现 ·充换电设施运维缺乏协同共管机制，需要整合的资源难度大	·提升充换电服务拓展市场，实现盈利营收 ·整合资源，将充电桩数据接入"智行e站" ·拓展市场占有率，提高市场服务能力
市场化设备供应商和运营商	强烈	·拓展大客户，提高客户渗透率难度大 ·充换电设施运维缺乏协同共管机制	·拓展大客户，提高市场占有率

坚持责任导向、牵头顶层设计

一是挖掘各方资源优势，寻找发力点。在分析相关方核心利益需求之后，开始全面分析各方对该项目的参与意愿、资源条件，为科学制订切实可行的行动方案打下现实基础，保障根植项目的顺利有效执行。

二是厘清责任边界，顶层设计各方责权。不论是完善充换电基础设施建设，还是加强运维管理，都避免不了责任边界问题。通过引入责任边界管理，坚持"共识、合作、价值"理念，厘清主导方、相关专业部门与外部利益相关方的结合点，保持边界清晰，明确各方责任分工，发挥工作合力，推动项目顺利实施。

坚持平台思维、打造数字化支撑

联合国网浙江电动汽车服务有限公司创新推出浙江省电动汽车充电基础设施智能服务平台2.0版"智行e站"电动汽车综合服务交互平台，打造"政企共享、多方协同、数据联动"的电动汽车综合服务平台，保障充电基础设施规划、建设、运营、维护实现全生命周期动态管理。

01

全量接入数据，构建充电、出行数据的全场景。"智行e站"电动汽车综合服务交互平台全量接入充电桩规划、安装、充电、出行、故障、位置等大数据，打通了不同部门、主体之间的数据壁垒，实现了数据实时共享，通过构建精准、及时的数据采集体系，保障数据源的时效性和准确性，大幅提高充电基础设施的运营维护效率和服务质量。

02

嵌入人工智能算法，构建智能运维平台。"智行e站"电动汽车综合服务交互平台在大数据全量接入的基础上，嵌入智能算法，为用户提供智能化运维服务，如提供充电路径导航、充电费用显示、充电状态监测、充后费用支付等个性化、一站式服务，有效解决农村地区找桩不便、比价和充电时需频繁切换多个平台的问题；为政府进行充电基础设施发展规划提供智能分析支撑，为充电桩布局建设、运营管理提供可视化决策支持，通过一张监测地图可实现对全市充电桩实时监测，对运营安全和服务质效全程监督。

03

线上线下相结合，加快构建应用场景体系。依托"智行e站"电动汽车综合服务交互平台，打破了充电桩、用户、电动汽车之间的信息孤岛，为运营商提供实时更新的公共充电桩位置，实现充电桩实时一键报修，将报修信息第一时间转接到充电桩运维管理中心，实现了故障问题快速派单。

国网浙江电动汽车服务有限公司工作人员通过监控系统对全省充电桩信息进行实时监测

坚持典型示范、探索长效模式

以方林村所在社区的充电桩建设运维为抓手。针对方
林汽车城充电难问题，国网台州市路桥区供电公司出
资建设16个公共充电桩。针对方林村老旧小区充电难
问题，对村中配电变压器进行了集中增容改造，根据
小区充电汽车发展需求，以满足现阶段使用为基准，
留足三至五年的余量，并充分考虑人防科、消防科的
相关要求和指导意见，定制专项设计方案，解决了以
往"申请一户建设一户"效率低下的情况。同时出台
充电桩典型设计，从分支箱、刀闸箱、集中表箱的物
料、线径、电缆芯等方面制订统一标准。

方林汽车城充电桩运维服务

充电桩专项设计方案

小区充电桩运维安装

项目成效

经济价值

01

典型示范引领新能源汽车高质量发展。以"智行e站"为载体，通过对方林村所在社区的充电桩建设运维的改造，2022年，方林汽车城入驻销售的电动汽车品牌增加至近40个，实现了30%以上的增长率，且不断刷新月度最佳销量。其中，2022年电动汽车销售达17978辆，同比增长500%以上，占台州地区新能源汽车总销量的30%，加速了路桥区电动汽车产业跨越式发展。根据方林老旧小区充电桩改造典型经验，2022年路桥区32个老旧小区已完成充电设施改造，下一步将逐步推广至全市。

社会价值

02

有效缓解了乡村地区电动车主充电难问题，畅通了乡村地区出行"最后一公里"。截至2022年，"智行e站"集成了路桥区及附近国家电网、台州宏能等运营商137座充电站，910台充电桩，累计接入充电次数近200万次，充电量超过5000万千瓦时。同时，为乡村地区用户提供充电、充电业务导航等服务，节约用户充电等待时间，保证车辆及时快速地充电。

环境价值

03

降低了充电桩建设对环境的影响，助力美丽乡村建设。通过"智行e站"平台，有效整合了台州地区所有充电桩信息，提升了充电设施规划能力和充电设施运维水平等，科学规划设点充分发挥了有限充电桩的功能，减少了充电桩不均衡对环境的影响，降低了废弃充电站对环境的破坏，助力美丽乡村建设。

利益相关方评价

"智行e站"平台充分调动了各市场主体的积极性，有效推进了充电桩基础设施的发展和完善。

——路桥区发展和改革局

这两年在转型新能源汽车销售中，国家电网细致入微的用电服务完全打消了我们的后顾之忧。

——方林汽车城

多方共建的充电桩新模式，打破了部门壁垒，让我们业主办桩更加便捷高效，特别是消除了以前存在的充电桩安全隐患。

——兰韵春天小区业委会

工作启示及下步计划

推动台州市电动汽车产业高质量发展。持续优化"智行e站"大数据综合服务平台，通过完备的充电设施吸引更多的电动汽车品牌商入驻以方林汽车城为代表的台州新能源汽车销售集散中心，促进新能源汽车销量稳步提升。

畅通电动汽车出行助推旅游经济增速。依据新能源汽车占比大幅度提升和乡村民宿、农家乐和景区等农村消费旅游经济的繁荣，总结经验，不断完善充电基础设施，城乡交通的互联互通更加密切，赋能乡村振兴和共同富裕示范区建设。